Maritime Erzählungen
Wahrheit und Dichtung

Band 3

Detlev Sakautzky

Maritime Erzählungen

Wahrheit und Dichtung

Band 3

Engelsdorfer Verlag
Leipzig
2018

Bibliografische Information durch die Deutsche Nationalbibliothek: Die Deutsche Nationalbibliothek verzeichnet diese Publikation in der Deutschen Nationalbibliografie; detaillierte bibliografische Daten sind im Internet über http://dnb.dnb.de abrufbar.

ISBN 978-3-96145-277-4

Hergestellt in Leipzig, Germany (EU)
www.engelsdorfer-verlag.de

12,00 Euro (D)

Inhalt

Gefährliche Vereisung 7
Willi hat ein Problem 21
Eine nicht erwiderte Liebe 29
Für immer seeuntauglich 35
Hochzeit im Seemannsheim 44
Vom Landgang gefallen 66
Muli im Steert 73
Arbeitsunfall mit Folgen 85
Krank durch Alkohol 97
Kontrolle ohne Beanstandungen 107
Die Entzündung klingt nicht ab 113
Unfall im Kofferdamm 121
Waschtag an Bord 129
Alltag in der verbleibenden Zeit 134
Durch Fischmehl verbrüht 161
Fünf Glas Bier für ein Tattoo 175

GEFÄHRLICHE VEREISUNG

Auf den Fangplätzen Westgrönlands, insbesondere auf der Fyllasbank, wurden im Februar große Mengen Kabeljau in guter Qualität gefangen. Die Bank liegt 25 Seemeilen westlich von Nukaret und erstreckt sich 50 Seemeilen bis zum Godthaabsfjord. Die Wassertiefen betragen vierzig bis hundert Meter. Westlich der Bank fällt der Meeresgrund stark ab. Auf der Bank und den schrägen, zur Tiefsee fallenden Hängen, konzentrierten sich große Kabeljauschwärme. Gefangen wurde aber auch Rotbarsch und Schwarzer Heilbutt.

Der Meeresgrund besteht aus Sand und Muscheln. Häufig hakte das Fanggeschirr an großen Steinbrocken, die verstreut am Meeresgrund liegen. Nicht selten brachen die Kurrleinen, nachdem sich die Seitenscherbretter an den felsigen und großen Steinen verhakt hatten. Totalverluste des Fanggeschirrs waren nicht selten. Kapitän Franz Lukas kannte den Fangplatz. Er hatte eine Arbeitskarte angefertigt, in der er die Hindernisse am Meeresgrund, Fischkonzentrationen zu be-

Fangplätze vor Westgrönland

stimmten Zeiten und die Wassertiefen eingetragen hatte. Lukas setzte das Fanggeschirr unweit der Bank aus. Der Aussetzkurs war Südost und führte direkt von der Tiefsee zur Bank.

Fischschwarm am Hang der Fyllasbank

Die Kurrleinen wurden zügig gefiert. Sobald der Echograph den steigenden steinigen Hang mit Kabeljauschwärmen anzeigte, ließ Lukas das Schleppnetz hieven. Das durch die Scherbretter offen gehaltene Netz wurde in den Fischschwarm gezogen. So wurden große Mengen Kabeljau gefangen.

Kapitän Lukas war erfahren in dieser Fangmethode und hatte in der Vergangenheit mit seinem Trawler, der „Beatrix", große Mengen an Kabeljau gefangen.

Es gab aber auch verlustreiche Tage. Der Bruch einer Kurrleine oder eines Verbindungselementes, der Verlust eines Seitenscherbrettes, ein total zerrissenes Netz, sobald das Fanggeschirr sich an einem Hindernis verhakt hatte, einen zerrissenen Steert und geringe Fänge drückten die positive Stimmung der Decksleute und des Kapitäns.

„Viel Arbeit und keine Fangprämie“, fluchte der Bestmann. In der Regel wurden achtzehn Stunden ununterbrochen an Deck gearbeitet.

Zweiter Steuermann beim Öffnen des Steertes

Das Einholen und Aussetzen des Fanggeschirrs, Schlachten, Lebern und Waschen des Kabeljaus, vereisen der bearbeiteten Fische in den Hocken der Eisräume, die Reparatur der beschädigten Teile des Fanggeschirrs, Ruder und Wachdienst im Brückenraum – all das musste getan werden und wiederholte sich täglich für jedermann. In der verbleibenden Zeit waren die Männer in ihren Kammern, ruhten sich aus, tranken Kaffe und rauchten, lasen Bücher und schliefen fest, bis sie wieder für die weitere Arbeit an Deck geweckt wurden. Dann waren sie wieder den kalten Temperaturen, Wind, Sturm und Seegang ausgesetzt. Die Kleidung, wie Wattejacke und -hose, Strickpullover, Lungenschützer, Pelzmütze, Seestiefel und Ölhemd, Gummi- und

Schlachthandschuhe schützten vor der arktischen Kälte und Nässe, behinderte aber die körperliche Beweglichkeit bei allen anfallenden Tätigkeiten an Deck. Sehr niedrige Lufttemperaturen bis Minus zwanzig Grad Celsius, Seerauch, Nieselregen, Spritzwasser, Starkwind und oft hoher Seegang erschwerten zusätzlich die Arbeit der Decksleute. Der Atem fror, die Augenbrauen und der Bart wurden weiß.

Es gefror alles, was feucht war. Sobald das Schleppnetz nach dem Einholen an Deck lag, wurde es knüppelhart. Die gefangenen Fische wurden steif. Die Bearbeitung, wie das Schlachten und Lebern des Kabeljaus war besonders für die Auszubildenden körperlich sehr anstrengend. Der Rücken und die Arme schmerzten. Das wiederholte Bücken, Greifen und Entweiden der Fische führte zu Sehnenscheidenentzündungen in den Armen bei einigen Decksleuten.

*

Der Funker überreichte Lukas den aktuellen Wetterbericht.

„Nördliche Winde, Frost, örtlich Seerauch, zunehmende Eisfelder, treibende Eisberge und Growler erwarten uns in den kommenden Stunden auf der Fyllasbank“, sagte der Funker, als er den Bericht an den Kapitän überreichte.

„Der zunehmende Frost und der Seerauch machen mir Sorgen. Beides führt zur zunehmenden Vereisung des Schiffes. Die Eisstärke nimmt zu und deren Gewicht verringert die Stabilität und den Freibord unseres

Schiffes. Das Schiff könnte kentern“, erwiderte der Kapitän sorgenvoll.

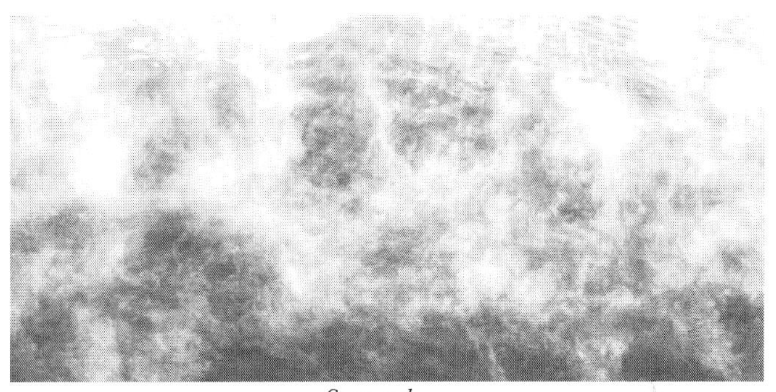

Seerauch

„Hol mir den Ersten Steuermann auf die Brücke“, befahl Lukas dem Ausguckmann.

Eilig meldete sich der Erste beim Kapitän im Brückenraum.

„Was liegt an?“, fragte er den Kapitän.

„Schau dir die zunehmende Vereisung an. Das Backdeck, die Brückenaufbauten, die Masten und die Takelage sowie die Taljen und Läufer, die Decksrollen und Galgen sind vollständig von einer durchsichtigen glasurähnlichen Eisschicht umgeben. Bei diesen Wetterbedingungen wächst sie weiter“, antwortete der Kapitän seinem Ersten

„Der Schwerpunkt des Schiffes verändert sich nach oben. Das Schiff könnte kentern“, meinte der Erste.

„Vor noch nicht langer Zeit sind englische Trawler durch den ‚Schwarzen Frost‘, so nannten die Männer die Art der Vereisung, gekentert. Die Besatzungen sind im eiskalten Wasser Ostgrönlands ertrunken“, sagte der

Funker, der damals die Hilferufe über Funk mit verfolgt hatte.

Gesagt, getan.

Zunehmende Vereisung durch Frost, Wind und Seerauch

„Wir werden jetzt hieven und danach mit der Enteisung beginnen. Die Situation ist bedrohlich“, sagte der Kapitän zum Ersten Steuermann.

Das Fanggeschirr wurde gehievt. Die Fangmenge war diesmal gering und wurde durch zwei Decksleute bearbeitet. Alle anderen Decksleute, auch die wachfreien, wurden mit der Enteisung beauftragt.

Kapitän Lukas fuhr das Schiff in Richtung der nach Süden treibenden Eisfelder. Im Treibeisfeld gab es keine überkommende See, keine Gischt und kein Spritzwasser.

Vereiste Ankereinrichtung

Der Zweite Steuermann überwachte die Enteisung. Mit großen Hämmern, Brechstangen, Feuerwehrbeilen, Äxten und Kusenbrechen wurde das Eis abgeschlagen und gleich außenbords geworfen oder geschaufelt, um das Schiff zu entlasten.

*

„Wir haben es hier mit Spritzwasservereisung und Süßwasservereisung zu tun", meinte der Erste, der sich auf der Brücke aufhielt und den Kapitän zum Mittagessen ablösen wollte.

„Die Spritzwasservereisung, der ‚Weiße Frost', entsteht, wenn die Lufttemperatur niedriger als die Temperatur des Seewassers ist“, sagte der Kapitän und zeigte auf das Außenthermometer in der Brückennock.

„Die Vereisung, die sich jetzt weiter bildet, ist nicht nur von der Luft- und Wassertemperatur, sondern auch von der Windstärke, vom Seegang und vom Verhalten des Schiffes in der See abhängig“, ergänzte der Funker die Einschätzung des Kapitäns.

Spritzwasservereisung

„Eine Süßwasservereisung, der ‚Schwarze Frost‘, entsteht bei Lufttemperaturen unter dem Gefrierpunkt durch Seerauch. Die örtlichen Seerauchfelder ermöglichen die Eisbildung und es entsteht eine sehr harte feste Eisschicht, die sich nur schwer abschlagen lässt“, sagte der auf diesem Gebiet erfahrene Kapitän.

„An vielen Stellen lässt sich das Eis nicht abschlagen. Es ist eisenhart und stellenweise sehr dick“, berichtete der Zweite, der sich auf Anweisung des Kapitäns im Brückenraum meldete. Das Schiff fuhr mit „Langsamer Fahrt“. Auf einmal trat eine feste Krängung nach Steuerbord ein. Der Krängungsmesser zeigte fünfzehn Grad. Der örtlich auftretende Seerauch führte weiter zur gefährlichen Vereisung. „Kapitän, wir schaffen es mit unseren Kräften nicht, das Schiff wirksam zu enteisen. Das zeigt auch die zunehmende Krängung“, sagte der Zweite.

Schwarzer Frost

Die Gefahr des Kenterns nahm zu. Das glatte Deck und die Schräglage des Schiffes erschwerten die Enteisung. Die Männer rutschten aus dem Stand, ohne die Einwirkung von Schiffsbewegungen, aus.

Lukas nahm die Hinweise ernst. Er setzte sich über Funk mit den Kapitänen der Trawler der eigenen Reederei, die sich nördlich auf der Bananenbank befanden, in Verbindung und bat um Hilfe. Die Schiffe auf der Bananenbank hatten keine so starke Vereisung – die meteorologischen Bedingungen waren dort günstiger.

Am Treibeisgürtel, nordwestlich der Fyllasbank, traf die „Beatrix“ auf die zur Hilfeleistung bereiten Trawler. Auf den schiffseigenen Schlauchbooten setzten die Decksleute, in wetterfeste Bekleidung und Schwimmwesten, mit ihrem Enteisungswerkzeugen auf die „Beatrix“ über. Alle hatten sich freiwillig bereit erklärt, den Männern des stark vereisten Schiffes zu helfen.

Planmäßig begannen sie auf den Decks, an den Aufbauten und Masten mit den Enteisungsarbeiten. Die Einnahme der Mahlzeiten erfolgte gruppenweise. Zwischendurch versorgte der Koch alle mit warmen Getränken. Die Arbeiten waren mühevoll und kräftezehrend, da das Eis sich nur langsam beseitigen ließ. An Schlaf und Ausruhen war nicht zu denken. Jeder wusste um die Gefahr des Kenterns und die Folgen für die persönliche Gesundheit und das eigene Leben. Die Angst, im kalten Wasser vor Westgrönland zu ertrinken, motivierte alle bis zur Entkräftung zu enteisen. Der Untergang der englischen Trawler durch den „Schwarzen Frost“ vor Ostgrönland – alle Decksleute hatten davon gehört – war eine weitere Motivation, alle körperlichen Kräfte zu mobilisieren. Nach zwölf Stunden ununterbrochener Enteisungsarbeiten verringerte sich die Krängung des Schiffes, die sich bei der Ankunft im Bereich des Treibeisgürtels um weitere zehn Grad vergrößert hatte.

Die Enteisung der Reling, des Schanzkleides, des Wetterschutzdaches und der Masten trug wesentlich zur Verringerung der Eislast des Schiffes bei. Die Männer waren übermüdet. So sehnten sich die meisten nach einer warmen Koje und einer Mütze voll Schlaf. Kapitän Lukas ließ aber keine Schwäche zu.

„Es muss weiter enteist werden, bis das Schiff wieder gerade liegt“, war die Weisung des Kapitäns an alle Decksleute, die durch das Maschinenpersonal unterstützt wurden.

Decksleute enteisen die Reling auf dem Vorschiff

Nach weiteren sechs Stunden trat das ein, auf das alle gehofft hatten. Die Krängung ging weiter zurück. Kapitän Lukas bat die Kapitäne der Hilfe leistenden Trawler ihre Männer abzuholen. Die meteorologischen Bedingungen hatten sich wesentlich verbessert. Örtlicher Seerauch war nicht mehr vorhanden. Der Wind hatte nachgelassen und kam nur schwach aus nördlicher Richtung. Die Gefahr einer neuerlichen Vereisung durch den „Weißen und Schwarzen Frost" war vorbei.

Die Decksleute der anderen Trawler wurden total übermüdet und körperlich geschwächt, übergesetzt. Dankbar wurden sie von den an Deck stehenden Männern der „Beatrix" verabschiedet.

Beatrix

*

Jetzt gingen alle wieder ihren regulären Arbeiten nach. Kapitän Lukas suchte mit dem Echographen und der Fischlupe nach weiteren Fischanzeigen im Nordwesten der Fyllasbank, bevor er das Fanggeschirr wieder aussetzen ließ. Er ortete Kabeljaukonzentrationen größeren Ausmaßes direkt auf der Bank. Nach einer relativ kurzen Schleppzeit ließ er das Fanggeschirr hieven. Hundertzwanzig Körbe mit großem Kabeljau wurden an Deck gehievt. Bis zum späten Abend kamen noch vierhundertzwanzig Körbe Kabeljau und Rotbarsch dazu, die bearbeitet werden mussten.

Um Mitternacht trat das Schiff die Heimreise an. Kapitän und Besatzung waren mit dem Fangergebnis zufrieden. Die Menge und die Qualität des gefangenen Grönlandkabeljaus sicherten allen einen guten Verdienst.

Die körperlichen Anstrengungen bei der Enteisung und die Angst vor dem Kentern des Schiffes hatten die Decksleute schnell vergessen. Alle freuten sich auf die baldige Heimkehr und das Zusammensein mit ihren Angehörigen.

WILLI HAT EIN PROBLEM

Es war ein schöner Sommerabend. Das Treibnetz war ausgesetzt. Der Logger „Adele“ trieb vor der Fleet.

Logger Adele vor der Fleet

Warme Lufttemperaturen, ein klarer Sternenhimmel und ein schwacher Wind aus Nordwest sorgten für eine gute Stimmung unter den Decksleuten. Der am Tag gefangene Hering war gekehlt, gesalzen, in Fässer gepackt und im Laderaum verstaut worden. Die Decksleute erholten sich lang ausgestreckt oder am Schanzkleid sitzend auf dem Backdeck, rauchten Zigaretten und tranken Bier, besprachen diese und jene Dinge, die sie interessierten. Einige spielten Karten.

Paul Thiel, der Kapitän, und Willi Fretwurst, der Koch, waren alte Bekannte. Beide kamen aus Ribnitz, waren dort aufgewachsen und gemeinsam zur Schule gegangen.

Paul Thiel hatte seine nautische Befähigung bei der deutschen Kriegsmarine erworben. Er stammte aus einer Fischerfamilie, die traditionell Jahrzehnte lang im Saaler Bodden fischte. Sein Wissen und seine Fähigkeiten über den Fischfang hatte er hier erworben. Paul Thiel war ein großer breitschultriger Mann mit lockigem, rostrotem Haar. Seine körperliche Größe und Fülle sowie seine überdurchschnittlichen Kenntnisse und Fertigkeiten im Fischfang flößten allen Decksleuten Respekt ein.

Willi Fretwurst diente während des Krieges auf verschiedenen Marinefahrzeugen. Hier war er häufig als Koch tätig gewesen. Auf diesen, oft kleinen Fahrzeugen, erwarb er seine Qualifikation zur Beköstigung der Besatzung. Er war ein mittelgroßer, dicker, kräftiger Mann mit Glatze, der immer Schwierigkeiten hatte, durch das Mannloch zwischen Proviantlast und Kombüse zu steigen, wenn er den Trockenproviant für den kommenden Tag brauchte. Gemüse, Obst und Kartoffeln lagerte der Koch auf dem Bootsdeck zwischen den Rettungsbooten, Frischfleisch und Wurst in Aluminiumwannen im vorderen Eisraum auf einer mit Stückeneis gefüllten Hocke. Der Herd wurde mit Briketts geheizt. Nicht selten hatte Fretwurst das Aussehen eines Heizers, wenn bei schlechtem Wetter der Abzug des Herdes nicht richtig funktionierte. Die Kombüse hatte einen Zugang zur Messe und ein Außenschott, das der Koch bei mäßigem Wind von vorn offen hielt. Die Besetzungsvorschriften verlangten aufgrund des Arbeitsanfalls in der Kombüse und Messe die Musterung eines Kochsmaates. Fretwurst arbeitete mit Zustimmung des Kapitäns ohne Kochsmaat. Von der Reederei erhielt er am Ende der Fangreise die vorgesehenen finanziellen Zuschläge des Kochmaates ausgezahlt. Unterstützung erhielt Willi Fretwurst täglich durch Olaf, einen Auszubildenden, der zu festgelegten Zeiten Küchenarbeiten verrichten musste. Olaf war mit dieser Regelung nicht einverstanden.

„Kapitän, in meinem Ausbildungsvertrag steht nichts über Küchenarbeiten“, sagte Olaf zaghaft.

„Das Heuerbüro hatte am Auslauftag keinen Kochsmaat zur Verfügung. Essen und Geld verdienen wollen wir alle. Einer muss dem Koch helfen. Du bist der Beste“, lobte ihn der Kapitän.

Olaf fühlte sich geschmeichelt und meldete sich beim Koch. „Zum Abendbrot gibt es sauer eingelegte Bratheringe und Bratkartoffeln. Beeil dich. Es ist noch ein halber Eimer mit gekochten Kartoffeln zu pellen“, war die schroffe Order des Kochs.

Olaf nahm den Eimer mit Kartoffeln, verließ die Kombüse durch das Außenschott und begann sitzend auf einem Hocker die Kartoffeln an der frischen Seeluft zu pellen. Wiederholt wurde er vom Koch angesprochen, sich zu beeilen.

„Beeil dich“, rief der Koch und zeigte auf die Uhr in der Messe.

Olaf war sauer. Er wusste von den Decksleuten, dass der Koch auf die Musterung eines Kochsmaates verzichtet hatte, um mehr Geld zu verdienen. Dies war nur mit Unterstützung des Kapitäns möglich. Olaf nahm sich bei seiner Tätigkeit viel Zeit. Willi Fretwurst wurde wütend und drohte Olaf mit allen möglichen Schikanen. Letztlich pellte Fretwurst den Rest der Kartoffeln selbst.

Olaf meldete sich zum Brückenwachdienst und versah wieder seine Aufgaben als Ausguck.

„Kartoffel pellen muss gelernt sein", hatte Olaf dem Koch auf seine Drohungen immer wieder geantwortet. Die Unzufriedenheit beider führte wiederholt zu Spannungen und Reibungen.

*

Das Abendessen, eingelegte Bratheringe und Bratkartoffeln, hatte der Koch pünktlich zubereitet. Die Decksleute kamen in die Messe, holten sich ihr Besteck aus einer Schublade und setzten sich auf die Bänke beidseitig der Back. Willi Fretwurst füllte die Teller.

Olaf reichte die Teller mit Bratkartoffeln und Bratheringen den an der Back sitzenden Decksleuten.

„Nimm deinen schmutzigen Daumen vom Teller", ermahnte der Netzmacher Olaf.

„Du musst den Teller auf der Innenhandfläche tragen", war der Hinweis des Kochs. Olaf hielt sich an die Weisung und bediente alle Männer wie gewünscht.

Auf der Back befanden sich zwei nasse Feudel, auf denen Schüsseln für die Gräten standen. Eingelegte Heringe gab es genug. Fretwurst wurde wiederholt von den Decksleuten für das wohlschmeckende Abendessen gelobt. Nach dem Abendbrot verließen die Decksleute die Messe. Jetzt waren Willi Fretwurst und Olaf dran, denn der Kapitän, die Steuerleute und das Maschinenpersonal hatten noch vor den Decksleuten zu Abend zu gegessen.

„Seit heute früh habe ich Magenschmerzen. Es ist bestimmt eine Entzündung der Magenschleimhaut“, klagte Fretwurst.

„Was ist die Ursache der Entzündung?“, fragte Olaf den Koch argwöhnisch.

„Zur Magenschleimhautentzündung kommt es häufig nach übermäßigem Alkohol- oder Nikotingenuss und Stress. Der Maschinist hatte mich und seinen Maschinenassistenten gestern Abend zum Skatspiel in seine Kammer eingeladen. Wahrscheinlich habe ich zu viel getrunken von seinem Schnaps und Bier“, jammerte der Koch und trank mit der Einnahme des Abendessen eine „Muck“ voll mit leicht gesüßtem Tee.

„Es wäre besser gewesen, wenn Sie keine Bratheringe und Bratkartoffeln heute Abend gegessen hätten“, sagte Olaf und meinte es ehrlich. „Herr Fretwurst, Sie müssen Diät essen“, empfahl Olaf.

Der Brechreiz und das Druckgefühl in der Magengegend steigerten sich bei Willi Fretwurst bis zur Übelkeit. Er musste brechen. Schnell lief er zur Toilette, die sich auf der Backbordseite des Betriebsganges befand. Das gerade verzehrte Abendessen erbrach er durch den Mund und die Nase.

Willi Fretwurst spukte mit dem Abendessen auch seinen Zahnersatz aus. Alles verschwand im Fallrohr der Toilette. Für den Koch brach eine Welt zusammen. Der Mund war durch die fehlende Prothese entstellt. Er traute sich nicht in den Toilettenspiegel zu schauen. Hässlich sah er aus. Olaf, der nach ihm schaute, traute seinen Augen nicht. Die Wangen des Kochs waren eingefallen und blass. Der Koch hatte Sprachschwierigkeiten, sabberte und lispelte. Olaf lief zum Kapitän und informierte ihn über das Geschehene. Paul Thiel verließ eilig den Brückenraum, nachdem er die Wache an den Zweiten Steuermann übergeben hatte, und eilte zur Toilette. Dort fand er den jammernden Koch in einem erbärmlichen Zustand. Thiel packte ihn an den Schultern und schob ihn aus dem Toilettenraum in den Betriebsgang.

„Geh in deine Kammer! Deine ‚Beißer' werden wir finden", tröstete Paul Thiel den Koch.

„Bringe mir den Schlüssel für die Toilette aus dem Schlüsselkasten im Brückenraum und informiere den Bestmann, den Netzmacher und den Ersten Maschinisten. Sie sollen unverzüglich in der Messe erscheinen!", sagte der Kapitän laut und hitzig zu Olaf.

Nachdem Olaf den Schlüssel gebracht hatte, verschloss Thiel die Toilette und begab sich in die Messe. Hier informierte er die Anwesenden über das Geschehene. „Der Zahnersatz des Kochs befindet sich noch im Fallrohr. Wir müssen die ‚Beißer' finden, sonst haben wir keinen Koch mehr. Ohne Koch gibt's Probleme", sagte der Kapitän mit Nachdruck.

„Solange nicht gespült wird, befindet sich der Zahnersatz vor der Sturmklappe im Fallrohr", sagte der Erste Maschinist, der während der Werftzeit die Sturmklappe schon einmal ausgebaut und gewartet hatte.

„Wir müssen mit Wasser spülen. Dann öffnet sich die Klappe und der Zahnersatz fällt nach außen weg", sagte der Maschinist.

„... und ins Meer", sagte der Bestmann höhnisch.

„Der Zahnersatz muss, sobald er durch die Sturmklappe rutscht, aufgefangen werden“, erklärte der Kapitän den Männern.

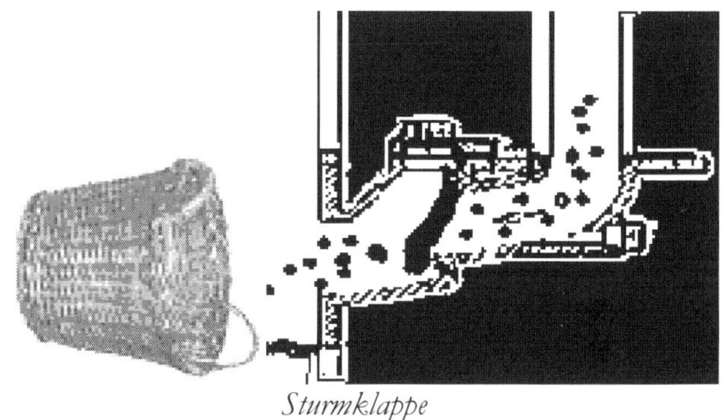

Sturmklappe

Es wurde ein Schlauchboot ausgesetzt und in den Bereich der Sturmklappe gezogen. Zwei Decksleute und der Bestmann gehörten zur Bootsbesatzung. Sie sollten während des Spülens des Fallrohrs den Zahnersatz mit dem Korb auffangen. Das Schlauchboot wurde durch zwei Decksleute mit der Vor- und Achterleine fest am Schanzkleid gehalten. Der Netzmacher brachte einen Decksschlauch mit Strahlrohr unter Druck in die Toilette. Dort steckte er das Mundstück des Strahlrohres in das Fallrohr.

„Ich werde unsere Aktion überwachen. Sobald ich den Befehl ‚Wasser marsch‘ gebe, öffnet der Netzmacher das Strahlrohr und die Bootsbesatzung fängt mit dem Korb die herausrutschenden Fäkalien und den Zahnersatz auf“, war die Order des Kapitäns.

Alle waren bereit. Der Koch erschien an Deck und beobachtete das Tun der Männer. Er sah unglücklich aus und hoffte auf das Gelingen des Vorhabens.

„Wasser marsch“, rief der Kapitän.

Der Netzmacher öffnete kurzzeitig den Hebel des Strahlrohres und der Wasserstrahl drückte die vorhandenen Fäkalien und den Zahnersatz aus dem Fallrohr durch die Sturmklappe in den Korb. Beides wurde aufgefangen. Der Bestmann reichte den Korb in die Höhe des Schanzkleides, wo der Koch ihn entgegennahm und in den Fäkalien nach seinem Zahnersatz suchte. Er fand den Zahnersatz und war überglücklich. Unverzüglich reinigte er diesen mit Seifenpulver, Handbürste und fließendem Wasser im Abwaschbecken der Kombüse. Zum Glück war der Zahnersatz unbeschädigt und so steckte er ihn geschwind in den Mund. Er passte noch. Fretwurst war glücklich. Er strahlte Thiel zufrieden an und bedankte sich für die ‚Erste Hilfe‘.

„In der kommenden Werftzeit bekommt das Schiff einen Fäkalientank, dann gibt es keine Rettung mehr für Zahnersatz und sonstige ausgespuckte Dinge“, sagte der Kapitän warnend zum Koch.

„Sollte sich so ein Vorfall wiederholen, werde ich einen Eimer benutzen“, sagte der Koch in sich gekehrt. Er entschuldigte sich beim Kapitän und den anwesenden Rettern für sein Verhalten.

„Willi! In den folgenden Tagen ist für dich Diät angesagt“, war die unmissverständliche Weisung des Kapitäns.

EINE NICHT ERWIDERTE LIEBE

Die „Amalia“ ankerte im kleinen Hafenbecken von Godthaab, der Hauptstadt von Grönland. Es wurde Wasser gebunkert. Der Hafenarzt hatte das Schiff verlassen. Vorher hatte er jedes Besatzungsmitglied in der Messe im Beisein des Ersten Steuermanns augenscheinlich auf das Vorhandensein von Geschlechtskrankheiten untersucht. Er war sehr gewissenhaft. Die persönliche Untersuchung erfolgte anhand der vorliegenden Besatzungsliste und der mit einem Passbild versehenen Seefahrtsbücher.

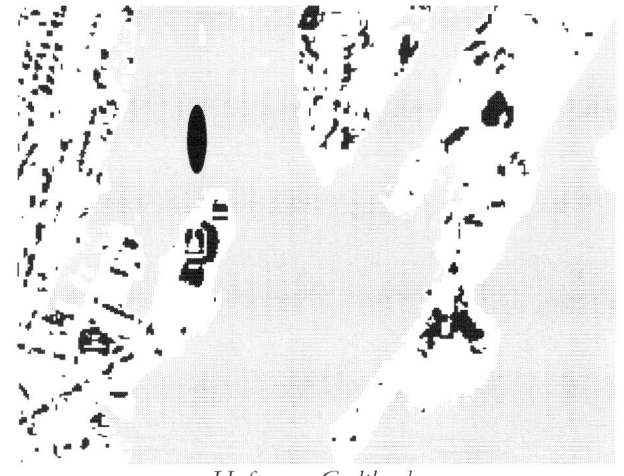

Hafen von Godthaab

Das Bunkern des Wassers begann am späten Abend und war am frühen Morgen des folgenden Tages beendet. Der Übergabeschlauch wurde gelöst und durch die Hafenarbeiter eingeholt. In der Nacht waren Männer und auch Frauen über die Tauleiter an Bord geklettert. Sie kamen mit leichten beweglichen offenen Booten, die sie am Schanzkleid vertäuten. Alle trugen warme Pelzbekleidung. Einige dieser Boote hatten einen Außenbordmotor.

Unter den Ankömmlingen waren auch junge hübsche Mädchen, die sich eine Abwechselung in der sehr kalten und dunklen Winternacht erhofften. Die Decksleute baten sie in ihre warmen Kammern. Gemeinsam tranken sie Bier und rauchten Zigaretten. Die Grönländer schenkten den Gastgebern Pelzbekleidung und bescheidene selbst hergestellte Souvenirs, die gern angenommen wurden. Es war ein freundliches Beisammensein von unterschiedlichen Kulturen. Grundlage aller Verständigung war die Körpersprache, die jeder in irgendeiner Form beherrschte.

*

Es war früh am Morgen. Der Kapitän, Fred Senner, war an Land gefahren, um von dort aus mit der Verwaltung der Reederei zu telefonieren. Den Wachdienst hatte er seinem Zweiten Steuermann übertragen.

„In einer Stunde bin ich wieder zurück. Nach dem Frühstück sind das Netz an Deck zu überholen und der hintere, etwas verbogene Bügel des vorderen Scherbrettes sowie die verschraubbare Hacke auszuwechseln“, war die Order an den Zweiten, bevor er mit einem kleinen motorisierten Boot des Hafenkapitäns das Schiff verließ.

Vorher hatte er den Zweiten Steuermann noch beauftragt, die Besucher aufzufordern, dass Schiff zu verlassen. Nach seiner Rückkehr wollte er auslaufen.

Der Gezeitenstrom setzte nördlich. Das Schiff lag fest verankert, mit dem Vorschiff in südlicher Richtung, unweit der Pier.

*

Fritz, der Auszubildende, hatte **Naje,** eine kleine hübsche Grönländerin, in seine Wohnkammer eingeladen. Sie zeigte ihm alles, was ein junger Mann wissen sollte. Fritz war total verliebt. Er war entschlossen, das Schiff zu verlassen und in Grönland zu bleiben. Seinen Entschluss teilte er Rudi Voß, einem Decksmann, dem er vertraute, mit.

„Du willst also achteraus segeln. Hast du in den letzten Stunden zu viel Bier getrunken oder wirkt bei dir die Polarnacht?“, fragte Rudi ungläubig.

„**Naje** ist meine große Liebe. Ich weiß es. Ich fühle es. Ich bleibe hier in Grönland“, antwortete Fritz mit Bestimmtheit.

„Weiß das Mädchen überhaupt von deinem Entschluss?“, fragte Rudi und schaute zu **Naje,** die auf einer mit Kunstleder bezogenen Sitzbank saß und schon die dritte Flasche Bier trank.

„Sie weiß es noch nicht“, antwortete Fritz.

„Vielleicht ist sie mit deinem Entschluss nicht einverstanden“, meinte Rudi.

Fritz fragte mit Hilfe der Körper- und in englischer Sprache. Er zeigte mit der Hand in Richtung Land, begann sich anzuziehen und persönliche Sachen in eine Tasche zu packen. **Naje** verstand nichts. Sie verlangte durch Handzeichen nach einer weiteren Flasche Bier.

„Hör auf mit deinen Spinnereien. Glaube bitte nicht, dass die Grönländerin sich mit deinen Träumereien anfreunden kann. Die Menschen haben eigene Probleme und eine andere Kultur. Sie kann mit dir nichts anfangen", sagte Voß ernsthaft.

„Woher weißt du das?", fragte Fritz.

„So, wie sie mit dir auf deine Kammer gegangen ist, geht sie auch mit mir und Steffen", behauptete Rudi.

„Das glaube ich nicht", sagte Fritz.

„Pass auf. Ich winke ihr mit dem Zeigefinger. Sie steht auf und geht mir nach, sobald ich die Kammer verlasse", sagte der Decksmann.

Er winkte mit dem Zeigefinger. Es trat ein, was er gesagt hatte. **Naje** stand auf, nahm ihre Tasche und verließ die Kammer. Vorher nahm sie noch zwei Flaschen Bier aus dem Kasten. Fritz traute seinen Augen nicht.

„Bleib hier", rief er ihr hinterher.

Naje verstand kein Wort. Sie verließ ruhig und freundlich mit Voß die Kammer.

*

Vor dem Frühstück forderte der Zweite Steuermann die Decksleute auf, sich von ihren Besuchern zu verabschieden. Hierfür ging er in jede Kammer und sprach mit den Männern. Die Grönländer kamen der Aufforderung nach. Sie wurden zur Relingstreppe begleitet und durch Handzeichen aufgefordert das Schiff zu verlassen.

Sie stiegen über die angebrachte Tauleiter in ihre vertäuten Boote, wobei die Decksleute ihnen behilflich waren. **Naje** war auch dabei. Als sie über die Tauleiter das Schiff verließ, winkte sie fröhlich mit ihren Fellhandschuhen. Fritz war enttäuscht.

„Na Fritz, hatte ich recht? Deine große Liebe wurde nicht erwidert“, sagte Rudi tröstend.

Fritz verließ bedrückt das Deck und ging in seine Kammer. Er hatte etwas dazugelernt.

*

Nach einer Stunde kam der Kapitän mit dem Hafenboot zurück. Er erkundigte sich nach den Gegebenheiten.

„Wir können den Anker hieven und auslaufen. Die Besucher sind von Bord“, informierte der Zweite den Kapitän.

Der Kapitän übernahm den Wachdienst. Er beauftragte den Zweiten, den Anker hieven zu lassen.

„Anker klar zum Hieven!“, rief der Zweite, nachdem die Vorbereitungsarbeiten abgeschlossen waren.

„Hiev Anker!“, befahl der Kapitän.

Der Zweite ließ den Anker hieven.

„Anker ist aus dem Grund! Anker ist aus dem Wasser!“, rief der Zweite.

„Anker in die Klüse hieven! Anker seefest machen“, war die Order des Kapitäns.

*

Langsam fuhr der Trawler aus dem Hafen. **Naje** stand gut sichtbar allein in der Nähe der Ausfahrt und winkte noch lange dem Schiff hinterher.

FÜR IMMER SEEUNTAUGLICH

Der Logger „Anthonia“ befand sich im Fischereihafen. Der Kapitän hatte den Zeitpunkt zum Auslaufen des Schiffes noch nicht bestimmt. Es waren noch wichtige Reparaturarbeiten an der Kurrleinenwinde durchzuführen. Die Decksleute räumten das Deck auf – verstauten Drahtrollen und Netzteile sowie den restlichen Proviant in den vorgesehen Lasten. Einige der Decksleute spleißten Zubehörteile für das Fanggeschirr. Für die kommende Reise fehlten noch Haedleinen, Laschen und Rollenstander.

Roland Dorr, der Zweite Steuermann, nutzte die Zeit mit Torsten, dem Auszubildenden, die Anfertigung eines Augspleißes zu üben. Er übergab Torsten die Rollengeschirrzeichnung sowie die zum Spleißen erforderlichen Werkzeuge. Eine Rolle mit Drahttauwerk hatten die Decksleute schon vormittags aus der Netzlast geholt. Torsten markierte die in der Zeichnung festgelegten Abmessungen durch Taklinge und trennte die markierten Drahtabschnitte mit dem Kappbeil. Bei den Vorbereitungsarbeiten wurde er durch Hartmut, einen Decksmann, unterstützt.

*

„Tosten, welche Unfallverhütungsvorschriften sind beim Spleißen von Drahttauwerk zu beachten?“, fragte der Zweite Steuermann.

„Es sind ein Helm, eine Schutzbrille, Lederhandschuhe und festes Schuhwerk zu tragen“, antwortete Torsten.

„Welche Fertigungshinweise sind bei der Fertigung des Augspleißes aus Drahttauwerk zu berücksichtigen?“, fragte der Steuermann weiter.

„Der Hilfstakling ist sechs Törns vom Ende zu setzen. Jede Litze ist mit einem Takling zu versehen. Die freiliegende Fasereinlage ist im Keilschnitt herauszuschneiden. Die Größe des zu spleißenden Auges ist festzulegen und im Schraubstock zu sichern“, antwortete Torsten.

„Da fehlt noch etwas“, erinnerte der Zweite Steuermann den Auszubildenden.

Fertigung des Spleißes.

„Die Litzen sind bis zum Hilfstakling aufzudrehen. Es sind lange Schläge ohne Kinken zu stecken", ergänzte Torsten zurückhaltend seine Antwort.

„Das ist richtig. Der Augspleiß muss nicht nur bei Belastungen halten, sondern auch gut aussehen", lobte der Zweite den Auszubildenden.

„Beachte! Entsprechend der Reihenfolge sind drei nebeneinanderliegende Kardeele auf jede Seite zu legen", fuhr er fort.

Beide gingen mit dem vorbereiteten Auge zum fest angebrachten Schraubstock vor dem vorderen Mast. Torsten legte das geformte Auge in die Backen des Schraubstockes und verschraubte diesen fest. Torsten benutzte, wie angewiesen, die vorgeschriebenen Unfallverhütungsmittel.

„Vergiss nicht, die erste Litze ist unter drei feste Litzen mit dem Schlag zu stecken. Beim Anheben der Litzen mit dem Marlspieker darf die Fasereinlage nicht beschädigt werden", mahnte der Zweite Steuermann.

Torsten führte den Marlspieker unter die ersten festen drei Litzen und steckte die erste zu spleißende Litze hindurch.

„Die Litze ist mit dem Marlspieker am Austritt dichter zu holen", forderte der Zweite von Torsten.

Dieser kam der Weisung nach und holte die gesteckte Litze dicht. Dabei traf er den Zweiten Steuermann mit dem betakelten Ende der Litze im Gesicht und verletzte das rechte Auge. Der Zweite konnte auf dem verletzten Auge nichts mehr sehen und hatte fürchterliche Schmerzen. Torsten rief laut um Hilfe. Der an Deck stehende Erste Steuermann sah den Unfall. Er informierte sofort telefonisch den medizinischen Rettungsdienst. Der Erste Steuermann holte aus der Bordapotheke Verbandsmaterial. Zwei Decksleute brachten eilig die Krankentrage. Der Zweite legte sich mit Hilfe des Ersten Steuermanns auf die Trage. Der Erste bedeckte das verletzte Auge mit einem sterilen Verband und sicherte den Körper durch die Haltebänder für den Transport.

Der Rettungswagen kam und hielt vor dem Landgang des Loggers. Vier Decksleute trugen den Zweiten über den steilen Landgang auf die Pier zum Rettungswagen. Ein Arzt und ein Rettungssanitäter halfen bei der Aufnahme des Patienten. Der Erste informierte den Arzt über die Ursache und Art der Verletzung. Schnell wurde der Zweite in die städtische Augenklinik gefahren.

*

Da es sich um einen schweren Arbeitsunfall handelte, benachrichtigte Kapitän Sommer die Arbeitsschutzbehörde und die Kriminalpolizei, die sich bald darauf beim ihm an Bord meldeten und die Unfallursache gemeinsam untersuchten.

Torsten wurde befragt. Niedergeschlagen berichtete er über den Unfallhergang und die dem Zweiten zugefügte Verletzung.

„Es geschah ungewollt. Der Zweite Steuermann forderte mich auf, die Litze dichter an das geformte Auge zu ziehen. Er bückte sich in dem Moment über das eingespannte Drahtauge, als ich die Litze anzog. Das betakelte Ende der Litze traf den Zweiten Steuermann in der rechten Gesichtshälfte und in das rechte Auge“, berichtete Torsten merklich bedrückt und ängstlich den Behörden.

„Hatte der Zweite Steuermann eine Schutzbrille getragen?“, fragte der Arbeitsschutzinspektor.

„Zu Beginn ja. Nachdem das Drahtauge im Schraubstock eingespannt war, hat er die Brille abgenommen und zur Seite gelegt“, antwortete Torsten.

„Warum hat er das getan?“, fragte der Inspektor weiter. „Ich weiß es nicht. Der Zweite hat sich hierzu nicht geäußert.“

„Haben Sie eine Schutzbrille getragen?“, fragte der Mann von der Arbeitsschutzbehörde.

„Ja, ich habe eine Schutzbrille, einen Helm und Handschuhe getragen, wie es der Zweite angewiesen hatte“, antworte Torsten zurückhaltend.

Die Decksleute, die in der Nähe Netzreparaturarbeiten durchführten, bestätigten seine Aussage.

Die Behörden beauftragten den Kapitän, eine Unfallanzeige zu schreiben.

Der Unfall wurde durch den Kapitän der Reedereiverwaltung gemeldet. Am späten Abend lief der Logger wieder aus. Die Reederei hatte Peter Lohe, als Ersatz für den Zweiten Steuermann, geschickt.

*

Der untersuchende Augenarzt und das behandelnde Ärzteteam stellten eine gravierende Verletzung des rechten Auges fest. Auf diesem konnte der Zweite Steuermann gar nichts mehr sehen. Er hatte sein Augenlicht verloren. Das Auge musste herausgenommen werden. Der Zweite Steuermann wurde in den folgenden Wochen weiter stationär medizinisch behandelt.

*

Der Arbeitsschutzinspektor besuchte den Zweiten Steuermann in der Augenklinik. Hier befragte er ihn auch nach dem Unfallhergang und der Ursache der bösen Verletzung. Der Zweite bestätigte in seiner Aussage im Wesentlichen die Angaben des Auszubildenden.

„Warum haben Sie keine Schutzbrille getragen?“, wurde der Zweite zielgerichtet gefragt.

„Der Auszubildende war in der Lage, ohne mein Zutun den Spleiß zu fertigen. Deshalb habe ich die Schutzbrille abgelegt. Die Verletzung konnte geschehen, weil ich mich dem Drahtauge ungewollt mit dem Kopf näherte, um das Festziehen der ersten Litze zu beobachten. Torsten hatte die Litze sehr schnell und kräftig in die Keep gezogen, dabei sprang das betakelte Ende der Litze mir in das Gesicht“, erklärte der Zweite dem Inspektor.

„Hätten Sie eine Schutzbrille getragen, wäre es nicht zu diesem schweren Unfall gekommen. Sie haben die Gefährdungen beim Spleißen unterschätzt. Sollte der Versicherungsträger den Unfall wegen grober Fahrlässigkeit Ihrerseits nicht als Arbeitsunfall anerkennen, erhalten sie wahrscheinlich kein Verletztengeld und keine Verletztenrente“, informierte der Inspektor den Zweiten Steuermann.

Am Nachmittag wurde der Zweite Steuermann von seiner Frau und seinen beiden Kindern besucht. Die Anwesenheit der Familie am Krankenbett stimmte ihn hoffnungsvoller. Die Kinder trösteten ihren Vater und erzählten über ihre Erlebnisse in der Schule und im Sportverein.

„Meine Augenverletzung erlaubt keine Tätigkeit mehr als Steuermann, auch nicht als Decksmann. Ich muss mir eine Tätigkeit an Land suchen“, sagte Roland besorgt zu seiner Frau.

„Ich werde eine künstliche Augenprothese tragen müssen“.

„Gemeinsam werden wir es schon schaffen“, tröste Frau Dorr ihren Mann.

Beide wussten, dass der Unfall den Verlauf ihres weiteren gemeinsamen Lebens beeinflussen wird.

*

Nach zwei Wochen wurde der Zweite Steuermann aus der Augenklinik entlassen. Er musste sich in den vom Arzt festgelegten Zeitabständen zur Kontrolle vorstellen. Der für die Prüfung der Seetauglichkeit verantwortliche Arzt teilte ihm amtlich den Verlust seiner Seetauglichkeit mit.

Roland Dorr meldete sich im Personalbüro der Reederei. Hier hatte man schon über die Möglichkeit einer anderen Tätigkeit beraten. Als er vorsprach, wurde ihm eine Tätigkeit als Berichtiger von Seekarten und Seehandbüchern sowie Leuchtfeuerverzeichnissen vorgeschlagen.

„In der Kartenberichtigungsstelle fehlt noch ein Mitarbeiter. Sie sind ausreichend qualifiziert und können unter Berücksichtigung ihrer Behinderung, nach einer noch festzulegenden Einarbeitungszeit, die anfallenden Aufgaben erfüllen“, sagte der Personalleiter.

Roland Dorr sprach in der Kartenberichtigungsstelle vor und ließ sich seine Aufgaben erklären.

„Die Tätigkeit sagt mir zu. Berichtigungen in der Seekarte und in den nautischen Handbüchern habe ich auch an Bord während meines Wachdienstes im Kartenraum vorgenommen. Wann kann ich mit der Tätigkeit beginnen?“, fragte Roland den Chef der Kartenberichtigungsstelle.

„Sie können am kommenden Montag beginnen“, antwortete er aufmunternd.

*

Am Abend sprach Roland mit seiner Frau über seine persönlich getroffene Entscheidung.

„Für mich ist die Tätigkeit an Land eine große Umstellung in meinem bisherigen Arbeitsleben. Jeden Tag mit dem Personenzug zur Arbeit fahren. In einem Büro arbeiten. Seekarten und nautische Bücher von Bord holen, diese berichtigen, wieder an Bord bringen und an die ehemaligen Kollegen übergeben“, sagte Roland zu seiner Frau.

„Wir müssen uns alle umstellen. Dein Verdienst ist weitaus geringer. In absehbarer Zeit fehlen uns die finanziellen Mittel für die Sanierung unseres kleinen Hauses. Wir müssen sehr sparsam leben. Gemeinsam werden wir es aber schaffen“, sagt Frau Dorr zuversichtlich.

*

Nach zwei Monaten erhielt Roland Dorr einen Bescheid vom Versicherungsträger. Man teilte ihm mit, dass der Unfall als Arbeitsunfall anerkannt wurde. Roland Dorr erhielt eine Verletztenrente und das Verletztengeld seit dem Eintritt des Arbeitsunfalls nachgezahlt. Der gezahlte Geldbetrag der privaten Unfallversicherung reichte aus, sein kleines Haus zu sanieren.

HOCHZEIT IM SEEMANNSHEIM

Es war Anfang August. Der Sommer zeigte sich von seiner besten Seite.

„Warme Lufttemperaturen, wolkenloser Himmel und Sonnenschein sind die Voraussetzung für die Vorbereitung und Durchführung einer geplanten, erfolgversprechenden Werftzeit“, sagte Kapitän Suhr zufrieden zu seinem Chief und übergab ihm die Dokumentation der zeitlich mit dem Beauftragten der Werft vereinbarten Wartungs-, Reparatur- und Konservierungsarbeiten. Der Trawler „Annabel“ lag seit gestern in der Werft und wurde generalüberholt. Im Dock sollte das Unterwasserschiff sowie bestimmte Bereiche des Überwasserschiffes entrostet, mit einer Rostschutzfarbe und mehreren Unterwasseranstrichen versehen werden.

„Die Aufbauten, Masten, die Kurrleinenwinde, die Fischereigalgen und Kurrleinenführungsrollen sind durch die Decksleute, die während der Werftzeit keinen Urlaub erhalten haben, zu entrosten, mit Rostschutzfarben, Vorstreich- und Deckfarben zu streichen. Die durchgehende Bewachung des Schiffes übernehmen die Wachleute der Reederei. Der Wachleiter ist gemeinsam mit dem Chief verantwortlich für die täglich abzustimmenden Arbeitsaufgaben mit dem Bauleiter der Werft sowie die Gewährleistung der allgemeinen Arbeitssicherheit und des Brandschutzes an Bord“, war die Order des Kapitäns an den Zweiten Steuermann, der an dem Gespräch mit dem Chief teilnahm. „Alle Schweißarbeiten sind vom Wachleiter zu genehmigen. In der Vergangenheit kam es durch fahrlässiges Verhalten bei Schweißarbeiten zu Bränden“, belehrte der Kapitän den Wachleiter und den Zweiten Steuermann.

„Die Decksleute sind über das arbeits-und brandschutzgerechte Verhalten auf dem Schiff und im Werftgelände vor ihrer ersten Arbeitsaufnahme zu belehren. Diese ist nachzuweisen“, war die Order des Kapitäns an den Zweiten Steuermann, bevor er das Schiff verließ.

Sein beantragter Urlaub war durch die Reederei genehmigt worden.

Der Zweite Steuermann beauftragte den Bestmann, mit vier Decksleuten Entrostungs- und Farbstricharbeiten an den Aufbauten, Masten, der Reling, aber auch im Innenschiff, wie in den Betriebsgängen und Waschräumen, durchzuführen.

„Es sind täglich, ausschließlich sonntags, acht Stunden zu arbeiten. An den Wochenenden und nach Beendigung der täglichen Arbeiten wohnen wir bis zum Abschluss der Werftarbeiten im Seemannsheim. Hier können wir auch Frühstück und zu Abend essen. Mittags essen wir im Speisesaal der Werft“, sagte der Zweite zum Bestmann.

Dieser informierte die Decksleute.

*

Der Bestmann, Hein Kruse, fuhr schon mehrere Jahre auf der „Annabel“. Beheimatet war er in einem kleinen Dorf in der Nähe von Anklam. Dort wohnten seine Eltern. Er war Ende zwanzig. In der Werftliegezeit wohnte er, auch am Wochenende, bei Frauke, seiner Lebensgefährtin. Die Decksleute André Auge und

Bernd Werner waren Schweriner, Ortwin Voß und Dieter Riegel waren gebürtige Leipziger. Vor Arbeitsbeginn versammelten sie sich auf dem Arbeitsdeck. Hier wurden die täglichen Arbeitsaufgaben durch den Zweiten erläutert.

„Heute Morgen holen wir von der Werkzeugausgabe der Werft die mit Pressluft betreibbaren Entrostungsgeräte sowie die erforderlichen Mengen Farbe. Der Bauleiter stellt uns eine E-Karre für den Transport zur Verfügung“, sagte der Zweite zu den Decksleuten.

„An Bord und im Werftgelände sind festes Schuhwerk und Arbeitsschutzhelme zu tragen“, erinnerte der Bestmann die Decksleute.

In der Ausgabestelle wurden klopfende und rotierende Entrostungsgeräte durch den Bestmann in Empfang genommen und durch die Decksleute auf eine E-Karre geladen. Im Farbenbunker erhielte sie die bestellten Farbmengen. Bleimennige, Vorstreich-, Deck und Lackfarben in Metallbehältern wurden auf die E-Karre geladen und zum Liegeplatz des Schiffes transportiert. Die Geräte und Farben wurden auf einer Netzbrook abgelegt, mit einem Kran auf die „Annabel“ gehievt und auf dem Arbeitsdeck abgesetzt. Hier wurde alles entnommen und in den vorgesehen Lasten im Vorschiff zwischengelagert.

Inzwischen wimmelte es von Werftarbeitern über und unter Deck. Motorenschlosser, Rohrschlosser, Schweißer, Schiffselektriker, Maler und Tischler begannen mit den vorgesehenen Wartungs-, Reparatur- und Instandsetzungsarbeiten auf der „Annabel“.

„Takelhose, Arbeitsschutzhelm, Rostschutzbrille, hohe Arbeitsschuhe, Handschuhe und Mundschutz sind bei allen Entrostungsarbeiten zu tragen. In der Vergangenheit kam es wiederholt zu Arbeitsunfällen mit unterschiedlichen Verletzungen. Denkt an die Schutzbrille wegen des Rostfluges“, wiederholte der Zweite seine Weisung.

Die Decksleute begannen mit den Arbeiten auf dem Vorschiff. Abschnittsweise wurde die Reling entrostet. Nachdem der Wassergraben sowie die Schwanenhälse auf der Steuerbordseite entrostet waren, bürstete der Decksmann Voß mit einer Drahtbürste die Teile sauber ab. Hein strich die bearbeiteten Abschnitte mit Bleimennigge. Am Ende des für alle anstrengenden Arbeitstages wurden die Geräte und Farbbehälter wieder in die Lasten gebracht und eingeschlossen.

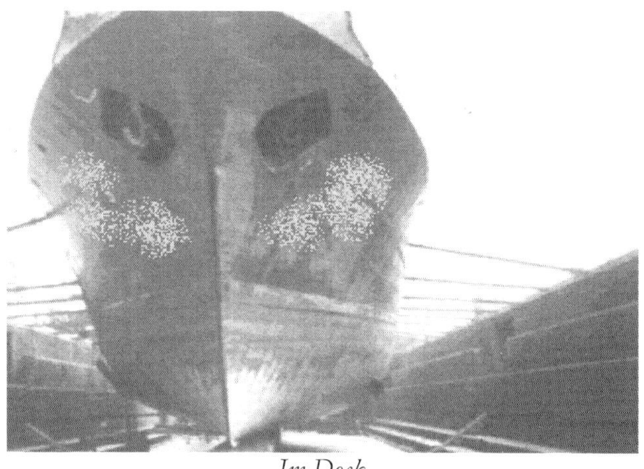

Im Dock

Die Decksleute benutzten für die körperliche Reinigung die Sanitäranlagen der Werft. An Bord waren die Wasch- und Toilettenräume verschlossen und durften in der Werftzeit nicht genutzt werden. Der Roststaub saß trotz Schutzbekleidung auf fast allen Körperteilen. In den Gesichtern bildeten Roststaub und Schweiß eine braune Kruste. Auch in den Nasenlöchern und Ohrmuscheln hatte er sich trotz Schutzbrille und Mundschutz festgesetzt. Die Männer schruppten sich beim Duschen den Schmutz von allen Körperteilen.

Später verließen sie gemeinsam, nachdem sie sich beim Wachleiter abgemeldet hatten, durch den Haupteingang das Werftgelände und gingen zu Fuß zum Seemannsheim, um zu Abend zu essen.

*

„Was machen wir mit dem angebrochenen Abend?“, fragte Dieter Riegel mit sächsischem Dialekt, nach der gemeinsamen Einnahme des Abendessens.

„Ich lade euch zu einem Glas Bier in die ‚Kajüte‘ ein. Dort ist es gemütlich. Ich kenne den Wirt. Ein Platz am Stammtisch ist uns sicher“, antwortete Hein.

Die „Kajüte“ befand sich in der Altstadt, unweit des Stadthafens. Segelschiffsmodelle, Rettungsringe, Positionslaternen, Netze, Tauwerk, präparierte Fische, Seemannsbilder und Mitbringsel aus aller Herren Länder schmückten von Innen die Seemannskneipe. Vor dem Tresen befand sich ein großer runder Tisch mit einer Schiffsglocke. Hier saßen „besondere Gäste“, die der Wirt selbst platzierte. Der Bestmann gehörte zu den

Auserwählten, denn er besuchte oft die „Kajüte" während der Hafenliegezeit.

Die Seemannskneipe war in einen oberen und unteren Raum geteilt. Über eine steile Treppe konnte man den oberen Raum erreichen. Hier befanden sich dicht gestellt, feste klobige kleine Tische mit viereckigen Tischplatten und robusten Stühlen. Die Gäste konnten von oben in den unteren Raum sehen und das allgemeine Geschehen in der Seemannskneipe beobachten. Im unteren Raum befanden sich eingebaute Nischen mit Tischen und Bänken. Es wurde viel getrunken und wenig gegessen. Die Gläser waren immer voll. Die Bedienung reagierte auf Handzeichen, Blick und Zuruf.

Der Bestmann und die Decksleute wurden durch den Wirt freundlich begrüßt und am Stammtisch platziert. Die Bedienung, eine junge hübsche Frau, brachte das erste Bier auf Kosten des Hauses. Der Wirt reichte, nachdem die Männer sich hingesetzt hatten und das erste Bier tranken, Hein ein altgedientes Schifferklavier.

„Hein, spiel und sing uns die bekannten Lieder", forderte der Wirt ihn freundlich auf. Beide kannten sich seit Jahren. Die Bitte des Wirtes fand bei den Anwesenden des unteren Raumes Zustimmung. Nach wiederholten Zurufen von allen Seiten fing Hein an zu spielen und zu singen. Er hatte eine kräftige und raue Stimme. Ortwin forderte alle Anwesenden auf mitzusingen. Auch die Decksleute sangen mit. „La Paloma", „Auf der Reeperbahn nachts um halb eins", „Rolling Home", „Unter fremden Sternen", „Wo de Nordseewellen trecken an den Strand" waren Lieder, die Emotionen bei den Fahrensleuten anheizten und zum lauten Mitsingen und schunkeln veranlassten.

Der Gesang war auch draußen auf der Straße zu hören. Ständig kamen neue Besucher in die Kneipe. Unter ihnen waren Seeleute aus Finnland, Island, Polen und Schweden, Hafenarbeiter und Fischer, aber auch Frauen, die flüchtige Bekanntschaften suchten. Die Fahrensleute rauchten ihre mitgebrachten Transitzigaretten, nur wenige rauchten Pfeife. Der Zigarettenrauch stieg nach oben bis unter die Raumdecke. Die natürliche und künstliche Raumlüftung reichten nicht aus, die Rauchschwaden vollständig nach außen zu befördern. Die Kneipe war durch den ständig zunehmenden Zigarettenrauch vernebelt. Die Beleuchtung war schwach, denn bei einigen Beleuchtungskörpern fehlten die Glühlampen. Die Aschenbecher füllten sich und wurden durch die Bedienung immer wieder entleert. Die Toiletten waren oft besetzt. Die Gäste mussten sich anstellen und warten. Die Bereitschaft, eine Runde Bier zu spendieren, nahm zu. Wer am Klöppel der Schiffsglocke zog, wurde verpflichtet, eine Saalrunde zu spendieren. Einige knobelten. Der Verlierer bestellte und bezahlte.

Im oberen Raum spielten einige Hafenarbeiter Skat, andere siebzehn und vier. Der Gewinn wurde wieder in Bier und Schnaps umgesetzt. Dabei ging es häufig sehr laut zu. Den anwesenden Frauen wurden durch die Fahrensleute Bier und Schnaps spendiert und Zigaretten angeboten. Zu erzählen gab es viel. Die ausländischen Fahrensleute verständigten sich in Englische untereinander. Ein isländischer Seemann erklärte im gebrochenen Deutsch seiner Tischnachbarin einen Vulkanausbruch, ein Küstenfischer erörterte die Arbeitsgänge beim Einholen einer Angel, der Matrose eines im Hafen liegenden Küstenmotorschiffes zeigte Fotos von einer Kollision im Nordostseekanal. Andere zeigten Fotos von ihren Schiffen, den angelaufenen Häfen und ihren Familien.

Der Ruf: „Noch ein Bier", war ständig zu hören. Der Zapfhahn wurde durch den Wirt nicht mehr zugedreht. Das Bier floss in Strömen. Die Nachfrage nach alkoholischen Getränken nahm weiter zu, aber auch die Trunkenheit der Gäste. An den Tischen wurden derbe und schmutzige Witze erzählt und Seemannslieder gesungen. Mit zunehmenden Abend wurde mehr gelallt als gesprochen und gesungen. Die Zunge wurde bei vielen Männern immer schwerer. Die Bedienung kassierte das servierte Bier sofort ab, da einige Gäste den Raum verließen, ohne ihre Rechnung zu bezahlen.

Nicht alle waren trinkfest. Sie liefen häufiger zu den Toiletten. Dabei wackelten sie auf ihren Beinen und rempelten sich gegenseitig an. Einige fühlten sich persönlich angegriffen und drohten mit Schlägen. Sie schimpften in verschiedenen Sprachen. Oft verstand der Einzelne kein Wort von den geäußerten Anschuldigungen des anderen. Der schwergewichtige Wirt hatte viel zu tun. Er fackelte nicht lange und forderte die Störenfriede in Deutsch, Englisch und Russisch auf, die Kneipe zu verlassen.

„Dawai, dawai, dawai", rief der Wirt mit drohendem Blick und zeigte mit der rechten Hand auf die Ausgangstür.

Männer, die seiner Aufforderung nicht nachkamen, packte er am Kragen, schob oder zog sie unsanft durch die schwere Kneipentür hindurch nach draußen. Von hieraus fuhren einige mit einem der dort wartenden Taxis nach Hause oder gingen zu ihren im Hafen liegenden Schiffen. Andere gingen zu Kneipen, die sich unweit der „Kajüte“ befanden. So wurde häufig die „Silbermöwe“ aufgesucht, um eine Frauenbekanntschaft zu machen.

*

André Auge, Bernd Werner, Ortwin Voß und Dieter Riegel beobachteten das Geschehen in der Kneipe. Sie tranken mehrere Gläser Bier, die der Wirt oder Hein ihnen spendierte. Die Männer prosteten Hein zu und tranken auf seine Gesundheit. Sie sprachen über ihre gemeinsamen Erlebnisse während der letzte Fangreise vor Island, die harte Arbeit bei schlechtem Wetter, die großen Fangmengen von Kabeljau und die hohe Fangprämie, die jeder erhalten hatte. Ortwin Voß und Dieter Riegel brachten den größten Teil des Verdienstes zur Sparkasse. Beide wollten im kommenden Jahr die Seefahrtsschule besuchen. Eine nicht unbedeutende Sparsumme sollte ihnen den Schulbesuch finanziell erleichtern. André Auge und Bernd Werner hielten nichts vom Sparen. Sie gaben das schwer erarbeitete Geld für moderne Kleidung, teueres Schuhwerk sowie bei Besuchen in Nachtbars aus. Das „Trocadero“, die „Melodie“, die „Metrobar“ sowie die „Storchenbar“ wurden gerne besucht.

André unterstützte seine Mutter monatlich mit einem Geldbetrag. Sie erhielt monatlich einen „Ziehschein“, den er mit der Lohnbuchhaltung der Reederei vereinbart hatte.

„Hein, du bist der Älteste von uns. Wann willst du heiraten?“, fragte Ortwin neugierig.

„Ich war schon verheiratet“, antwortete Hein zum Erstaunen der Decksleute.

„Bist du geschieden“, fragte Dieter.

„Meine Frau war sehr jung, als wir heirateten. Sie ist an den Folgen eines Verkehrsunfalles verstorben. Meine Eltern und Schwiegereltern haben sie bestattet. Es war im April, vor drei Jahren. Unser Schiff fischte vor Neufundland. An der Bestattung konnte ich nicht teilnehmen. Die Häfen, wo sich ein Flugplatz befand, von wo ich nach Hause hätte fliegen können, waren vom Treibpackeis eingeschlossen. Nach zwei Monaten habe ich ihr Grab zum ersten Mal besucht“, erzählte Hein den bedrückt zuhörenden Decksleuten. „Jetzt lebe ich mit Frauke, einer Segelmacherin, zusammen. Sie arbeitet selbstständig, ist Meisterin und hat vor Jahren die Werkstatt von ihrem Vater im Stadthafen übernommen. Sie fertigt Luken- und Bootsabdeckungen, Segel für den Freizeitsport und Seesäcke für den Verkauf. Ihr werdet sie noch kennenlernen“, sagte Hein.

Die Decksleute wurden neugierig.

„Wir werden in zwei Wochen, am Sonnabend, heiraten. Ich lade euch recht herzlich zu der Feier, auch im Namen von Frauke, ein. Am Mittwoch erwarte ich eure Antwort“, sagte Hein zu den Decksleuten.

„Das ist eine tolle Überraschung“, erwiderte Dieter.

Ortwin spendierte ein Glas Bier für die Männer am Stammtisch.

„Auf dein zukünftiges Glück. Lasst uns anstoßen. Prost!"

Alle stießen mit Hein an.

„Wie hast du sie kennengelernt?", fragte Dieter.

„In ihrer Werkstatt. Sie hat ein Focksegel für mein Segelboot angefertigt. Alles andere hat sich dann so von selbst ergeben", sagte Hein ohne weitere Erläuterungen. „Sie hat auch eine Jolle. Beim Wenden und Halsen, bei Flaute und Sturm habe ich festgestellt, dass wir beide ein gutes Team sind", sagte Hein im spaßigen Ton.

„Woher weißt du, dass Frauke die richtige Frau für dich ist? Viele Seeleute lassen sich nach Jahren scheiden. Einige Frauen nehmen es mit der Treue nicht so genau", sagte André, der an der Treue der Seemannsfrauen zweifelte.

„Welche Beziehung hält schon fürs ganze Leben?", fragte Dieter den zukünftigen Ehemann.

„Eine Beziehung, in welcher die Partner viele Gegensätze aufweisen. Gegensätze ziehen sich an", antwortete Hein.

„Das musst du uns genau erklären", sagte Ortwin.

„Ich werde es versuchen", begann Hein die Behauptung zu erörtern.

„Eine kleine Frau sucht oft einen großen Mann. Ein großer dünner Mann eine kleine dicke Frau. Ein Blondschopf eine Dunkelhaarige. Ein äußerlich ruhiger Mann eine Lebhafte. Ein bequemer Mann eine Fleißige. Ein Zurückhaltender eine Temperamentvolle. Ein Mann mit blauen Augen eine Frau mit braunen. Diese Gegensätze lassen sich fortsetzen. Das Zusammensein bringt dann die Entscheidung. Kompromissbereitschaft, Vertrauen, Hilfsbereitschaft und Zuneigung sind die Voraussetzung für eine dauerhafte Beziehung", sagte Hein mit Überzeugung.

Auf Bitte des Wirtes sang Hein wieder die bekannten Seemannslieder. An den Tischen stieg die Stimmung. Das Bier floss wieder in Strömen. Die Decksleute hielten sich mit dem Trinken zurück.

„Guten Abend, Hein. Guten Abend alle in der Runde." Vor dem Stammtisch stand plötzlich eine blonde, mittelgroße, sportlich gekleidete Frau. Der Wirt brachte ihr einen Stuhl. Sie setzte sich neben Hein.

„Frauke. Das sind meine Kollegen von der ‚Annabel' – Ortwin, Dieter, André und Bernd", sagte Hein und stellte sie einzeln vor.

„Ich freue mich deine Kollegen kennenzulernen", sagte Frauke.

Der Wirt brachte Frauke ein Glas Bier.

„Hein. Ich erwarte morgen sehr früh Kundschaft und möchte dich jetzt schon abholen. Ich hoffe, du bist einverstanden. Deine Freunde werden Verständnis dafür haben. Sie haben ja auch den ganzen Tag hart arbeiten müssen. Es findet sich bestimmt noch ein Tag, wo wir gemeinsam ein Glas Bier trinken können", sagte Frauke zu den Decksleuten und lächelte sie dabei freundlich an.

Alle nickten zustimmend. Hein gab dem Wirt das Schifferklavier zurück. Beide verabschiedeten sich bei den Männern und verließen nach dem Tischklopfen mehr oder weniger unbeobachtet die Seemannskneipe.

Die Entrostungsarbeiten in der Werft und der Trink- und Gesangsabend in der „Kajüte“ hatten die Decksleute müde gemacht. Noch vor Mitternacht verabschiedeten sie sich vom Wirt. Die Decksleute bezahlten ihre Rechnung und Dieter Riegel bestellte ein Taxi. Gemeinsam verließen sie die Seemannskneipe. Vor der geöffneten Eingangstür wurde Dieter von einem Hafenarbeiter ohne einen erkennbaren Grund und unerwartet mehrmals ins Gesicht geschlagen. Er sackte in sich zusammen und war kurze Zeit bewusstlos. Ein Schlag hatte ihn genau auf die Kinnspitze getroffen. Bernd half ihm beim Aufstehen. Der Schläger war weg. Das Gesicht schmerzte. Die zugeschwollenen Augen minderten erheblich sein Sehvermögen. Der Wirt telefonierte nach einem Krankenwagen, der kurze Zeit darauf eintraf. Dieter wurde in die Unfallaufnahme des nahen Krankenhauses gefahren. Der behandelnde Arzt stellte keine lebensgefährdenden Verletzungen fest.

„Es ist nur das Gesicht geschwollen. Durch Kühlen mit nassen Tüchern geht die Schwellung zurück“, sagte der behandelnde Arzt und verabschiedete Dieter mit Schulterklopfen aus der Unfallaufnahme. Bernd, der Dieter ins Krankhaus begleitet hatte, brachte ihn zum Seemannsheim.

*

Am folgenden Tag trafen sich die Männer vor der Arbeitsaufnahme, wie vereinbart, an Deck. Die Schwellung in Dieters Gesicht, besonders im Augenbereich, war schon etwas zurückgegangen. Das Gesicht sah aber durch die Schwellung entstellt aus.

„Dieter, geh ins Seemannsheim und kühle dein Gesicht. Morgen früh sehen wir uns wieder“, war die Order des Zweiten Steuermanns.

Dieter befolgte die Weisung und begab sich ins Seemannsheim.

„Heute werden wir die Ankereinrichtung, den vorderen Galgen und die Königsroller entrosten“, sagte der Zweite und übergab Hein den Schlüssel für die Deckslast, wo die Entrostungsmaschinen und Farben aufbewahrt wurden.

Die Decksleute holten sich die notwendigen Werkzeuge und das Fass mit der Bleimennige an Deck und begannen mit der Entrostung der Kettenstopper.

*

Am späten Vormittag erhielt Hein vom Zweiten Steuermann die Order, sich im Heuerbüro der Reederei zu melden. Hein ahnte Böses.

„Herr Kruse, sie müssen morgen früh auf der ‚Ida‘ als Bestmann anmustern. Die Reise geht nach der ‚Georgesbank‘. Der Bestmann dieses Schiffe, Rolf Barre, ist krank geworden und kann nicht mitfahren. Das Schiff soll am kommenden Sonnabend auslaufen“, so die Erklärung des Angestellten.

„In zwei Wochen will ich heiraten. Die Vermählung ist beim Standesamt angemeldet“, erklärte Hein dem Angestellten.

„Sie hätten rechtzeitig Urlaub beantragen müssen. Wir brauchen sie jetzt“, sagte der Angestellte.

„Ich hatte die Absicht während der Werftzeit zu heiraten. Der Kapitän hat davon gewusst und mich für Tätigkeiten an Bord während der Werftzeit vorgesehen. Meiner Hochzeit stand somit nichts im Wege“, antwortete Hein.

„Über Urlaub und freie Tage entscheidet die Heuerstelle und nicht der Kapitän“, antwortete der Angestellte und übergab ihm den Heuerschein für die Anmusterung auf der „Ida“.

*

Hein meldete sich am folgenden Tag beim Ersten Steuermann der „Ida“ und erläuterte die verfahrene Situation. Frauke hatte er noch nichts über die Anmusterung auf der „Ida“, in der Hoffnung, dass sich alles zum Guten wendet, mitgeteilt. So kam es auch. Der Bestmann der „Ida“ wurde gesund und konnte die Reise zur Georgesbank antreten. Hein musterte wieder von der „Ida“ ab und meldete sich beim Zweiten Steuermann der „Annabel“ zurück. Vorher hatte er den Angestellten im Heuerbüro nochmals auf seinen Hochzeitstermin hingewiesen, der einen entsprechenden Eintrag in seiner Personalkartei vornahm.

*

Auf der „Annabel“ war der vordere Mast mit Stellagen versehen worden. Die Decksleute begannen an der Spitze des Mastes mit den Entrostungsarbeiten. Die Geräte und Zuleitungen wurden mit einem Jolltau nach oben gezogen. Die Männer sicherten sich zusätzlich mit einem Sicherheitsgurt an der Steigleiter. In der Vergangenheit war ein Decksmann auf einem anderen Schiff von der Stellage des Mastes auf das Deck gefallen und tödlich verunglückt.

„Das darf sich nicht wiederholen“, sagte der Zweite zu den Decksleuten und kontrollierte den Sitz der Sicherheitsgurte.

„Ortwin, wo ist deine Rostschutzbrille?“, fragte der Zweite mit Nachdruck.

„Ich hänge sie mir um den Hals und benutze sie mit Beginn der Entrostungsarbeiten“, versicherte Ortwin.

„Dieter, wo ist dein Segeltuchbeutel mit dem Rostschutzhammer, dem Schaber und der Drahtbürste?“

„Den Beutel zieht mir Hein mit der Talje nach oben“, antwortete Dieter dem Zweiten.

Bernd und André bauten die Positionslaternen am Mast ab und fierten sie mit dem Jolltau nach unten auf das Deck.

„Ich werde die Funktionstüchtigkeit vom Elektriker überprüfen lassen. Hein, bringe die Laternen in das Lampenstore“, lautete die Order des Zweiten.

Hein brachte die Positionslaternen in die Lampenlast und begann mit Entrostungsarbeiten am Königsroller. Nach zwei Stunden anstrengenden Entrostungsarbeiten gingen die Decksleute gemeinsam zum Werftkiosk und kauften sich dort das angebotene Frühstück, Bockwurst mit Brötchen, belegte Brötchen und Milch.

„Wann und wo feiert ihr eure Hochzeit?“, fragte Dieter den Bestmann.

„Wir feiern in zwei Wochen, am Sonnabend, im Seemannsheim. Frauke hat einen Raum für diesen Tag gemietet. Er wird für die Feier durch die Angestellten des Seemannsheimes hergerichtet. Das Mittagessen, Kaffee, Kuchen und Torte für den Nachmittag und das Abendessen haben wir beim Restaurantchef in Auftrag gegeben. Zum Abend spielt die kleine Hauskapelle des Seemannsheimes. Für die Übernachtung meiner Eltern und Geschwister habe ich dort auch Zimmer reservieren lassen. Die Eltern von Frauke und ihre Angehörigen wohnen alle in Rostock“, antwortete Hein.

„Hein, du hattest uns die Bedeutung der Gegensätze bei der Partnerwahl erläutert. Ich habe dich mit Frauke verglichen und keine Gegensätze festgestellt. Du hast blaue Augen, Frauke hat blaue Augen. Frauke ist fast so groß wie du und nicht zierlich gebaut. Frauke hat lockige blonde Haare, du hast blonde lockige Haare“, sagte Ortwin.

„Die Frau, die ich euch in der ‚Kajüte‘ vorgestellt habe, war die Stiefschwester. Sie heißt auch Frauke“, sagte Hein und schaute in vier verdatterte Gesichter.

„Hein, mir gefällt die Stiefschwester. Zwischen mir und ihr gibt es die von dir geschilderten Gegensätze. Ist sie verheiratet?“, fragte Dieter.

„Solltest du zu unserer Hochzeitsfeier kommen, wird sie deine Tischnachbarin sein“, versicherte Hein.

„Hein, ich komme! Du kannst mit mir rechnen“, versicherte Dieter erfreut.

*

Es war ein schöner sonniger Tag. Auf dem Standesamt gaben sich Hein und Frauke ihr Jawort für ein gemeinsames Leben. Anwesend waren die Eltern und Geschwister. Hein trug einen dunkelblauen Anzug, ein weißes Hemd und einen blauen Schlips. Frauke ein weißes Brautkleid mit kurzem Schleier. Hein und Frauke waren ein hübsches Paar.

Vor dem Standesamt warteten die zur Hochzeit geladenen Gäste, unter ihnen auch Dieter. Gekommen waren auch weitere Mitglieder der Besatzung. Alle bestaunten die schöne Braut. Jeder wollte sie auf die Wange küssen. Die Gratulationen nahmen kein Ende. Auch Fremde kamen und gratulierten dem frisch vermählten Paar.

Die Feier fand, wie vorgesehen, in einem separaten Raum des Seemannsheimes statt. Dieter saß während der Feier, wie es Hein versprochen hatte, bis zum Schluss neben Frauke. Es war für alle eine schöne Feier. Der Tisch mit den Geschenken füllte sich. Bettwäsche, Handtücher, ein Essservice, ein Besteckkasten, Gratulationskarten mit Geld waren die Geschenke. Dieter übergab im Auftrag der Besatzung ein großes Geldgeschenk. Ein besonderes Geschenk brachte der Chef der Wohnungsgenossenschaft. Das neu vermählte Paar erhielt eine Wohnungszuweisung für eine Zwei-Raum-Neubauwohnung im Stadtteil Reutershagen. Hein hatte die Genossenschaftsanteile in den zurückliegenden Jahren Schritt für Schritt bezahlt. Frauke freute sich besonders über die Zuweisung. Bis jetzt wohnte sie beengt mit der Stiefschwester bei den Eltern in der Altstadt von Rostock. Es wurde bis spät in den Abend getanzt. Die Fröhlichkeit nahm kein Ende. Wiederholt kamen Fahrensleute, gratulierten dem Paar und brachten Geschenke. Alle waren glücklich. Zu ihnen gehörte auch Dieter.

*

Die Reparatur- und Wartungsarbeiten verliefen planmäßig. Die Außenhaut des Schiffes glänzte in dunkelgrüner Farbe, die Brücke war weiß gestrichen, die Aufbauten, Galgen, Lukensülle und Königsroller braun, die Masten grau und die Ankereinrichtung schwarz.

Annabel

Die Reparatur- und Wartungsarbeiten im Maschinenraum waren abgeschlossen. Die beschädigte Isolierung der Laderäume war erneuert worden. Die Betriebsgänge, die Kombüse und Proviantlasten hatten durch die Decksleute einen neuen Farbanstrich erhalten und die Maler hatten die Laderäume mit einem frischen Farbanstrich versehen.

Bei der Probefahrt des Schiffes in der Ostsee gab es keine nennenswerten Beanstandungen. Die Haupt- und Hilfsmaschinen funktionierten zu voller Zufriedenheit des Chiefs. Am Nachmittag des letzten geplanten Werftages übergab der Bauleiter das Schiff an den Kapitän. Die „Annabel“ wurde durch zwei Werftschlepper in den Fischereihafen geschleppt und am Ausrüstungskai im Fischereihafen festgemacht.

Am Ausrüstungskai

*

Die Besatzung war wieder vollzählig an Bord. Das Schiff wurde für eine Fangreise zur Georgesbank ausgerüstet. Durch die Hafenarbeiter wurden leere Fässer und volle Salzfässer an Bord gehievt und in den Laderäumen verstaut. Die Maschinisten waren mit der Übernahme von Brennstoff, Wasser und Ölfässern beschäftigt.

Hein und die Decksleute verstauten die Netze, Fanggeschirrzubehörteile und Scherbretter, die während der Werftzeit im Depositenlager zwischengelagert waren, in den Lasten und Halterungen des Trawlers. Unter der Leitung des Kochs wurde mit einigen Decksleuten der Proviant, wie Kartoffeln, Gemüse, Trockenproviant und Kühlproviant für eine Fangreise von neunzig Tagen übernommen und in den Proviantlasten verstaut. Der Zweite Steuermann übernahm und staute mit drei Decksleuten eine Vielzahl von Getränkekästen mit Bier und alkoholfreien Getränken in den Hocken des vorderen Laderaumes. Der Erste Steuermann überwachte das Ausrüstungsgeschehen. Er überprüfte im Karten- und Brückenraum die Vollzähligkeit der nautischen Geräte und ihre Funktionsfähigkeit sowie die Anzahl der Seekarten und nautischen Bücher. Am späten Vormittag kontrollierte er die Bordapotheke und übernahm die Medikamente für die kommende Reise vom Hafenärztlichen Dienst. Am Nachmittag stimmte er die Musterrolle mit dem Angestellten des Seefahrtsamtes ab. Durch den Behördenangestellten wurde die abgelaufene Frist für die Seetauglichkeit des Bestmannes bemängelt. „Hein, warum hast deine Seetauglichkeit während der Werftzeit nicht überprüfen lassen?“, frage der Erste.

„Die Frist für meine Seetauglichkeit läuft erst in zwei Monaten ab“, antwortete Hein.

„Lass deine Seetauglichkeit noch heute durch den Arzt des Medizinischen Dienstes überprüfen, sonst bleibst du an Land!“, drohte der Erste und gab ihm sein Seefahrtsbuch zurück.

*

Hein meldete sich am gleichen Tag noch beim Arzt des Medizinischen Dienstes. Die Untersuchung auf die Seetauglichkeit dauert mehrere Stunden. Zuerst erfolgte die zahnärztliche, danach weitere körperliche Untersuchungen. Es wurden die Sehschärfe, die Farbsinne, das Hörvermögen, das Herz-Kreislauf-System und die Lunge nach den Vorschriften des Medizinischen Dienstes geprüft. Eine Urinprobe wurde auf Zucker, Eiweis und Blut untersucht. Am späten Nachmittag bestätigte der untersuchende Arzt Hein die Seetauglichkeit. Er meldete sich beim Ersten Steuermann zurück, der die Anmusterung beim Seefahrtsamt veranlasste.

*

Am Wochenende verließ der Trawler den Fischereihafen. Es war ein schöner Sommertag. Die Männer an Bord wurden durch ihre Angehörigen und Freunde verabschiedet. Unter ihnen war auch Frauke. Hein zog mit Dieter den Landgang an Land. Die Vor- und Achterleinen wurden durch die Decksleute eingeholt. Die „Annabel“ entfernte sich mit langsamer Fahrt aus dem Fischereihafen.

VOM LANDGANG GEFALLEN

Es war eine kalte Februarnacht. Die „Heidemarie“ lag auslaufbereit, fest vertäut, vor der Eisfabrik.

Die ‚Heidemarie‘ fest vertäut vor der Eisfabrik

Die Motorenschlosser der Werkstatt hatten die notwendigen Reparaturarbeiten im Maschinenraum beendet und waren nach Hause gegangen. Der Logger sollte am frühen Vormittag den Hafen verlassen und zum Plattfischfang zu den Fangplätzen südlich von Gotland auslaufen.

Der Wind war ablandig. Ein Teil der Besatzung schlief an Bord. Bewacht wurde das Schiff durch den Zweiten Steuermann Bernd Müller und den Decksmann Friedhelm Molle. Der Zweite Steuermann hielt sich während des Wachdienstes im Kartenraum auf und berichtigte die Seekarten und nautischen Bücher. Friedhelm Molle kontrollierte stündlich die Befestigung der Vor- und Achterleinen, die Decksbeleuchtung und die Begehbarkeit des angelegten Landgangs. Dieser war mit der einen

Seite auf der Kaikante, mit der anderen auf dem Schanzkleid des Schiffes abgelegt und mit einer Leine festgezurrt. Der Landgang hatte auf der einen Seite einen Handlauf. Hier war ein Rettungsring mit einer Sicherheitsleine angebracht. Über eine am Schanzkleid angebrachte Relingstreppe konnte das Deck vom Landgang aus betreten werden. Der Logger krängte ein wenig durch die kleinen Wellen im Hafenbecken. Dabei verschob sich der Landgang häufig und musste wiederholt durch Friedhelm Molle beim Kontrollgang neu angelegt und gesichert werden.

*

Karl Kummer, der Koch der „Heidemarie", war nach dem Abendessen an Land gegangen, um sich noch einmal von seiner Frau und seinen Kindern zu verabschieden. Er wohnte in einem Mehrfamilienhaus in einem Stadtviertel unweit des Fischereihafens. Seine Frau weckte ihn sehr früh am Auslauftag. Er bestellte ein Taxi und ließ sich bis vor das Schiff fahren. Der Taxifahrer reichte ihm seinen Koffer, in dem er persönliche Bekleidung zur Reinigung mit nach Hause genommen hatte. Kummer bezahlte und verabschiedete sich vom Taxifahrer, den er von früheren Fahrten gut kannte. Es hatte leicht geschneit. Der Landgang zum Schiff war verschoben. Er lag schräg zum Schanzkleid und der Kaikante. Kummer stellte den Koffer auf dem Landgang ab und begann den schräg liegenden Landgang rechtwinklig zum Kai auszurichten. Doch die Kaikante war glatt und der Hafendienst hatte noch nicht gefegt und abstumpfende Mittel gestreut. Beim Verrücken des Landgangs rutschte Kummer mit dem rechten Fuß aus und fiel rücklings zwischen die Kaimauer und die Außenhaut des Loggers ins Hafenwasser. Das kalte, schmutzige Wasser drang schnell durch seine Kleidung. Karl Kummer begann zu frieren. Sein ganzer Körper zitterte. Der Logger lag dicht und fest vertäut am Kai und drückte gegen seinen Körper. Kummer war eingeklemmt zwischen der rauen schmutzigen Kaimauer und der glatten schmierigen Außenhaut des Schiffes. Er hielt sich am Koffer fest, den er beim Fallen mit ins Wasser gerissen hatte.

„Hilfe! … Hilfe! … Hilfe!“, schrie Kummer so laut er konnte.

Er schluckte und erbrach dabei das kalte verdreckte Hafenwasser. Die Angst, zu ertrinken, führte zu unkontrollierten Bewegungen. Er zog sich Abschürfungen an den Händen und im Gesicht durch die raue Kaimauer zu. Der Kältemaschinist der Eisfabrik, Hans Osse, der vor dem Zugang zur Eisfabrik Sand streute, hörte das wiederholte Schreien, rannte zum Kai und sah Kummer in einer lebensbedrohlichen Lage. Kummer griff wiederholt mit beiden Händen nach der Kaimauer, fand aber keinen Halt. Die Hände rutschten an der schmutzigen, glatten Mauer ab. Schwimmbewegungen waren aufgrund der eingeklemmten Lage nicht möglich. Da er sich nicht festhalten konnte, tauchte er mit dem Kopf wiederholt unter die Wasseroberfläche und schluckte Wasser.

Hans Osse holte eilig eine am Kai gehalterte Rettungsstange mit Greifring und reichte diese nach unten zum eingeklemmten Karl Kummer, der sofort danach griff.

Friedhelm Molle befand sich zum Zeitpunkt des Ereignisses in der Messe. Er hörte die Schreie, eilte zum Zweiten Steuermann, der Alarm auslöste und die an Bord schlafenden Männer weckte.

Karl Kummer hielt sich fest am Ring der gereichten Rettungsstange. Molle reichte einen Rettungsring mit Leine, an dem sich Kummer mit der linken Hand festhielt. Die alarmierten, herbeigeeilten Decksleute versuchten Kummer mit der Leine hochzuziehen. Ohne Erfolg. Kummer steckte fest zwischen Schiff und Kaimauer. Seine Kräfte ließen nach. Er sah erbärmlich aus. Das Gesicht war verkrampft und verschmutzt. Er hatte Angst.

„Fiert die Vor- und Achterleinen ein! Dann vergrößert sich der Abstand zwischen dem Schiff und der Kaimauer", rief der Zweite zu den am Schanzkleid herumlaufenden Decksleuten.

Die Maßnahme hatte Erfolg. Der ablandige Wind drückte das Schiff von der Kaimauer. Der Abstand zwischen dem Schiff und der Kaimauer wurde nach dem Einfieren der Leinen größer. Karl Kummer schwamm mit letzter Kraft zu der in der Kaimauer eingebauten Eisenleiter. Er zog sich an einer Sprosse der Leiter mit dem Oberkörper aus dem Wasser. Hier packten ihn viele Hände und zerrten ihn an der total durchnässten Kleidung mit aller Kraft aus dem Hafenwasser.

Die Decksleute trugen den Koch in die Messe, entfernten die durchnässte Kleidung, trockneten den Körper mit Tüchern, zogen ihm Unterwäsche und seine Arbeitsbekleidung an, die an einem Haken in seiner Kammer hing. Der Zweite Steuermann wickelte Karl Kummer in warme Wolldecken ein. Der ganze Körper zitterte. Ein Decksmann flößte Karl Kummer warmen Tee zwischen die aufeinander bibbernden Zähne. Inzwischen war der durch den Hafendisponenten gerufene Unfallwagen angekommen. Die Decksleute trugen Karl, der zu schwach war selbst zu gehen, zum Unfallwagen. Er wurde zur Notaufnahme in das nächste Krankenhause gebracht.

*

Der Zweite Steuermann informierte den Kapitän und den Ersten Steuermann, nachdem diese aus der Freizeit zurück an Bord kamen, über das Geschehene. Der Kapitän informierte den Inspektor der Reederei und bat um einen neuen Koch.

„Die Reise kann ohne Koch nicht angetreten werden. Wann können wir mit einem neuen Mann rechnen?“, fragte der Kapitän den Angestellten im Heuerbüro.

„Zurzeit steht kein Koch zur Verfügung auf den wir zurückgreifen können Wir müssen den neuen Mann erst aus seinem Urlaub holen. Vielleicht morgen Mittag“, antwortete der Angestellte unzufrieden.

Gegen Mittag fuhr der Kapitän ins Krankenhaus, um sich nach dem Gesundheitszustand von Karl Kummer zu erkundigen. Karl Kummer war gerade dabei, das Krankenhaus zu verlassen, als der Kapitän sich in der Unfallaufnahme meldete. Der Arzt hatte keine besorgniserregenden inneren und äußeren Verletzungen diagnostiziert.

„Kapitän, ich komme mit. Es geht mir wieder gut", sagte Karl zuversichtlich.

„Die Männer an Bord werden sich freuen, wenn sie dich wiedersehen", sagte der Kapitän und schlug ihm aufmunternd auf die Schulter.

„Die Abschürfungen im Gesicht und auf den Händen behandele ich selbst. Der Unfallarzt hat mir die hierfür notwendige Salbe mitgegeben", sagte Karl.

„Karl, ich nehme dich gleich mit an Bord. Vorher fahren wir noch bei deiner Frau vorbei, um Kleidung zu holen. Die Unterwäsche und Oberkleidung ist so verschmutzt, dass sie keine Reinigungsfirma mehr annimmt. Die Reederei meldet den Schaden der Effekten-Versicherung. Des Weiteren melde ich den Vorfall als Wegeunfall bei der Versicherung. Sollten später irgendwelche Unfallfolgen eintreten, bekommst du für die Zeit der Arbeitsunfähigkeit Verletztengeld", tröstete der Kapitän seinen Koch.

*

Die „Heidemarie" verließ am späten Nachmittag den Fischereihafen. Die Besatzung erhielt wieder pünktlich die gewohnten Mahlzeiten.

Die für den Decksdienst eingeteilten Männer bereiteten das Fanggeschirr vor. Nach zwei Tagen erreichte der Logger die angesteuerten Fangplätze vor Gotland. Für alle begann eine harte Arbeit bei Starkwind und Dauerfrost.

Die ‚Heidemarie‘ auf der Fahrt zum Fangplatz.

MULI IM STEERT

Die „Annemarie" fischte mit zwei weiteren Trawlern der Reederei in vierhundert Meter Wassertiefe mit einem Grundschleppnetz in den arktischen Gewässern vor Labrador. Der letzte Hol, sechzig Korb Kabeljau, wurde durch die Decksleute bearbeitet. Den Fischen wurde die Leber entnommen und in Körben gesammelt. Der geschlachtete Kabeljau wurde gewaschen und in den Hocken des achteren Laderaums vereist. Die gesammelte Leber wurde gekocht und zu Leberöl verarbeitet. Der Beifang wurde in der Fischmehlanlage zerkleinert und zu Fischmehl verarbeitet.

*

Kapitän Rossow war mit den Fangergebnissen des Tages zufrieden. Die Kapitäne auf den beiden anderen Trawlern hatten im letzten Hol Grönlandhaie gefangen. Die Netze, insbesondere die Steerte, waren durch die Größe und das Gewicht der Haie schlimm beschädigt worden und der gefangene Kabeljau war durch die Löcher im Steert entwichen. Das Schlachten der Haie, die Einlagerung und eine Vereisung im Laderaum waren nicht vorgesehen. In den Fischverarbeitungsbetrieben an Land fand man für diese Art von Haien keine Verwendung. Die toten Tiere wurden eingestroppt, mittels des Steertbaumes außenbords gehievt und wieder zurück ins Meer geworfen. Die Reparatur der Netze und das Entsorgen der Haie schränkte die Fangtätigkeit an diesen Tagen besonders ein.

„Wir haben bis jetzt Glück gehabt“, sagte der Kapitän zu seinem Zweiten Steuermann, den er in den Brückenraum gerufen hatte.

„Die anderen beiden Trawler haben durch den Fang der Mulis[1] fast einen halben Fangtag verloren“, sagte Rossow.

„Zeit ist Geld! Auf diesem Fangplatz sind besonders viele Mulis“, vermutete der Zweite besorgt.

„In welchen Tiefen leben die Mulis und was fressen diese Monster?“, fragte der Kapitän den Fischereibiologen, der sich ebenfalls im Kartenraum aufhielt und die Fangtagebücher auswertete.

„Diese Haiart fängt man vor Island, im Nordmeer, vor Grönland und Labrador, auch vor Neufundland in Wassertiefen bis zu 1.200 Metern. Zur Nahrung der Grönlandhaie gehören Kabeljau, Plattfische, Rochen und andere Bodenfische. Auch Robben werden von ihnen gefressen“, antwortete der Biologe.

„Wie groß werden die Mulis? Der Letzte, den wir vor Island gefangen haben, hatte eine Länge von fünf Metern, gemessen von der Maul- bis zur Schwanzspitze“, sagte der Zweite.

„Es wurden schon Grönlandhaie von acht Metern gefangen. Diese Haie haben eine lange Lebenszeit. Haispezialisten sprechen von vierhundert Jahren und einem Gewicht bis zu zwei Tonnen. Der Körper ist torpedoförmig, die raue Fischhaut ist graubraun bis olivgrün. Die Flossen sind relativ klein, sie haben keine Dornen, ihre Schwanzflosse ist asymmetrisch. Er schwimmt sehr

---

[1] so nannten die Decksleute die Grönlandhaie

langsam und ernährt sich von den hier vorhanden großen Kabeljaukonzentrationen", erklärte der Biologe den im Brückenraum Anwesenden.

„Wie erfolgt die Fortpflanzung? Legen diese Haie Eier?", fragte der Elektriker den Biologen, der im Auftrag des Chiefs im Brückenraum die Steckdosen überprüfte und aufmerksam das Gespräch mit verfolgt hatte.

„Bis zu sechs Haie werden im Mutterlaib geboren. Die Entwicklungszeit im Hai beträgt zwei Jahre. Die Geschlechtsreife selbst tritt erst nach hundertfünfzig Jahren ein. Es ist die Zeit von zwei Menschenleben", berichtete der Biologe und verwies auf neue wissenschaftliche Erkenntnisse.

„Die Schleppzeit ist um. Wir müssen hieven", sagte der Kapitän zum Zweiten Steuermann.

„Hoffentlich haben wir keine ‚Mulis' im Netz", sagte der Zweite, verließ den Brückenraum und begab sich in den Trockenraum, der sich vor dem Eingang zum Betriebsraum befand, um sein Ölzeug anzuziehen.

„Hau los!", rief der Kapitän.

Decksmann Timm löste die Bändselsicherung und schlug mit der Brechstange den Sicherungsbügel frei. Der Sliphaken öffnete sich und die Kurrleinen fielen ins Meer.

„Hiev up", rief der Kapitän.

Der Bestmann begann mit dem Hieven der Kurrleinen.

*

Nach einer Hievzeit von zwanzig Minuten waren noch fünfzig Meter von der ausgefahrenen Kurrleine zu hieven. Der Wind und die Wellen kamen von der Steuerbordseite. Der Kapitän stoppte das Schiff auf und ließ die Kurrleinen durch den Bestmann langsam weiter hieven.

Am vorderen und achteren Galgen standen die Decksleute bereit, die Seitenscherbretter abzufangen. Die anderen Decksleute warteten mittschiffs, um nach der Übernahme des Rollengeschirrs das Vornetz mit der Hand einzuholen.

Zuerst wurde das vordere Seitenscherbrett, danach das achtere Seitenscherbrett vorgehievt.

Vorderes Seitenscherbrett

Beide Bretter wurden abgefangen und von der Kurrleine gelöst. Es wurde weitergehievt bis die kleinen Scherbretter, die Ponnys, abgefangen werden konnten. Jetzt wurde das Rollengeschirr an Deck gehievt. Die Männer begannen das Vornetz, den vorderen und achteren Flügel, das Höhenscherbrett und das Oberblatt mit der Hand einzuholen.

Das Netz wird eingeholt

„Hol weg! Hol weg! Hol weg!“, rief der Zweite Steuermann.

Gemeinsam wurde das Netz unter größter körperlicher Anstrengung durch die Decksleute eingeholt. Das Schiff krängte. Mit jeder Krängung nach Steuerbord wurde die Lose des Netztuches eingeholt und mit den

Händen und dem Oberkörper am Schanzkleid abgeklemmt. Kapitän Rossow beobachtete aus dem Brückenraumfenster das Einholen des Netzes. Er hatte kein gutes Gefühl. Nachdem das Trichterstück eingeholt war, legte der Zweite Steuermann mit dem Netzmacher einen Stropp um den Tunnel. Mit Hilfe des ‚Flitzers', einem Drahtläufer, der durch einen befestigten Block lief, wurde das Netz mit dem kleinen, schnell laufenden Spillkopf der Kurrleinenwinde gehievt. Das Ende des Tunnels, der anschließende Steert und der Schwanz eines Mulis wurden sichtbar.

„Muli im Steert", rief laut der Zweite Steuermann in Richtung des Steuerbordbrückenraumfensters.

Der Schwanz des Hais, verdeckt durch die kleineren und doppelt gestrickten Maschen des Steertes, wurde weiter sichtbar.

„Den dicken Stropp anschlagen", befahl der Kapitän dem Zweiten.

Dieser befolgte die Weisung sofort. Schnell wurde der „Dicke" durch den Zweiten Steuermann mehrmals mit Hilfe des Netzmachers um den Steert gelegt und der Bobbyhaken in die Augen des „Dicken" eingehakt.

„Hiev Bobby!", rief der Zweite laut für alle hörbar.

„Hiev Bobby!", wiederholte der Windenmann auf der Backbordseite am großen Spillkopf, legte fünf Törns um den laufenden Spillkopf und begann den Steert zu hieven. In Höhe des Schanzkleides wurde der Hai in seiner Größe und in seinem Umfang sichtbar.

„Ein Monster von Hai", sagte der Kapitän zum Biologen, der den Hievprozess aus dem vorderen Brückenfenster mit beobachtete.

In dem Moment, als das Schiff nach Steuerbord krängte, hievte der Decksmann den Steert über das Schanzkleid an Deck, der durch das eingehängte Fangtau gehalten wurde. Der Bobbyblock lärmte infolge der hohen Belastung. Die Decksleute standen außerhalb des Gefahrenbereiches. Der Zweite Steuermann begab sich zum hängenden, abgefangenen Steert, ließ ihn etwas einfieren und begann umsichtig und vorsichtig den Steertknoten zu öffnen. Die Masse des Hais und seine raue Haut erschwerten das Rausrutschen aus dem geöffneten Steert nach dem Öffnen des Knotens.

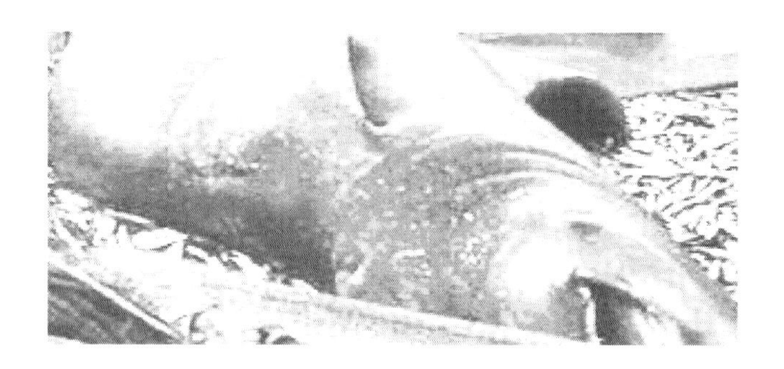

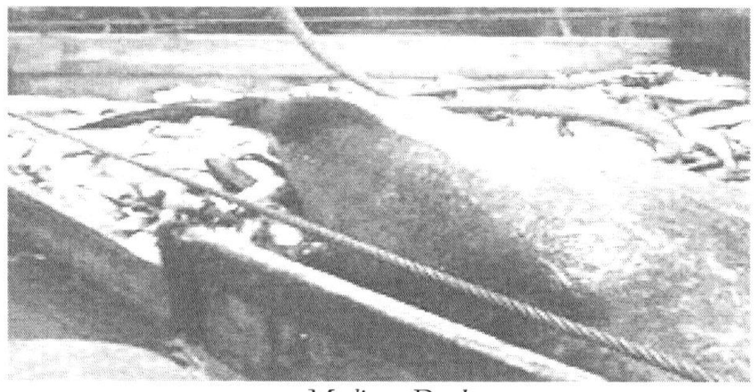

Muli an Deck

Wiederholt ließ der Zweite den Steert anhieven und mehrmals ruckartig einfieren. Schritt für Schritt rutschte der Hai und zappelnde Kabeljaue aus dem Steert. Der Hai bewegte sich nicht mehr. Er war tot.

Der Biologe kam an Deck und begann mit dem Bestmann den Hai zu vermessen.

„Länge vier Meter und zwanzig Zentimeter. Der Hai ist ungefähr zweihundert Jahre alt", sagte der Biologe auf Nachfrage des Bestmannes. Die Decksleute schauten den Biologen ungläubig an.

„Wie bestimmen Sie das Alter des Hais?", fragte der Zweite den Biologen.

„Das Alter kann man anhand der Länge des Hais bestimmen. Hierzu gibt es eine Reihe von wissenschaftlichen Untersuchen. Es wurden Haie mit einer Länge von acht Metern gefangen, deren Alter hat man auf vierhundert Lebensjahre geschätzt", berichtete der Biologe den erstaunt zuhörenden Decksleuten.

„Wäre ich doch ein Hai", meinte mit Bedauern der Koch, der an Deck gekommen war, um sich das Ungeheuer anzusehen.

„Dann wären sie gerade geschlechtsreif", antwortete der Biologe.

Der Koch war sprachlos.

„Warum ist der Hai gestorben? Die Heringshaie, auch Größere, lebten noch, als sie aus dem Steert an Deck fielen", fragte der Netzmacher den Biologen.

„Haie haben keine Schwimmblase. Sie schwimmen ständig. Andernfalls liegen sie auf dem Meeresgrund. Grönlandhaie können ihre Kiemen nicht bewegen. Zum atmen müssen sie ständig schwimmen. Der Grönlandhai stirbt den Erstickungstod, sobald er sich im Steert befindet. Seine ungeheure Kraft reicht nicht aus, um sich daraus zu befreien", erklärte der Biologe den aufmerksam zuhörenden Decksleuten, die mit der Entsorgung des Haies begannen.

Um die Schwanzflosse wurde ein dicker Stropp als Schlinge gelegt. In dem anderen Auge wurde der Flitzerhaken des Steertbaumes eingepickt.

Langsam wurde der Hai mit dem Baumläufer angehievt. Nachdem er in Höhe des Schanzkleides gehievt war, rief der Kapitän: „Klar machen zum Auswerfen!"

„Hiev up!", rief der Zweite, nachdem das Schiff keine Fahrt mehr durchs Wasser machte.

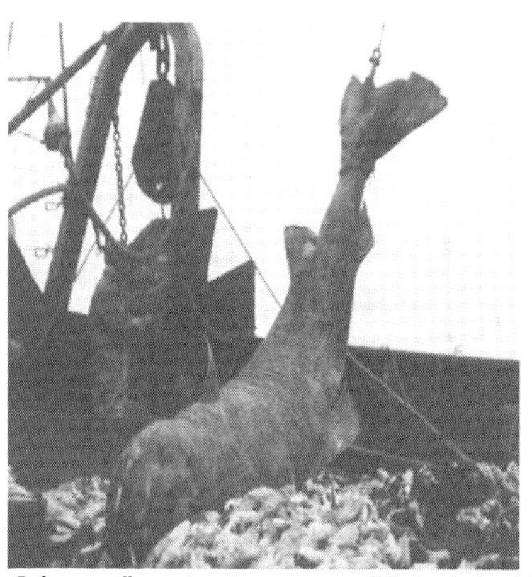

Schwanzflosse ist eingestroppt, Hai wird gehievt

Der Hai wurde mit dem Läufer des Steertbaumes über das Schanzkleid gehievt.

„Klar zum Auswerfen!", rief der Zweite.

„Let's go!", rief der Kapitän.

„Let's go!", wiederholte laut der Windenmann und warf schnell den Läufer vom Spillkopf.

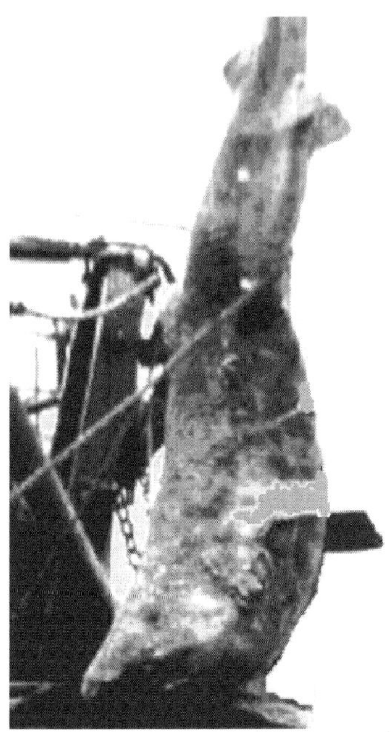

Klar zum Auswerfen

Nachdem der Körper des Hais ins Wasser eintauchte, löste sich der Haken des Läufers aus dem Auge des Stropps. Dieser wurde durch den Decksmann Max Lose über eine befestigte Leine schnell eingeholt.

Der Hai sank in die Tiefe. Der Echograph zeigte eine Tiefe von tausendzweihundert Metern bis zum Meeresgrund.

„Gehört der Grönlandhai zu den gefährdeten Haiarten?“, fragte der Auszubildende, der beim Vermessen des Hais mitgeholfen hatte, den Biologen.

„Der Hai hat keine natürlichen Feinde. Nur den Menschen. Eine Gefährdung der Art lässt sich bisher nicht nachweisen“, antwortete der Biologe.

„Wie kann man den Hai schützen? Er gehört doch auch zum Öko-System des Meeres“, fragte der Azubi weiter.

„Der Hai kann gegenwärtig nicht durch technische und technologische Maßnahmen geschützt werden. Die nachhaltige Befischung der arktischen Gewässer ist eine Möglichkeit. Die internationalen Vorschriften für den Fang von Kabeljau tragen zum Artenerhalt des Grönlandhais bei“, war die Meinung des Biologen und fand die Zustimmung des Zweiten, der das Gespräch mit verfolgt hatte.

*

„Das Fanggeschirr klar machen zum Aussetzen!“, war die Order des Kapitäns an den Zweiten.

Die Decksleute reparierten Risse und Löcher im Oberblatt und Steert. Der Zweite verschloss den Steert und fertigte den Steertknoten.

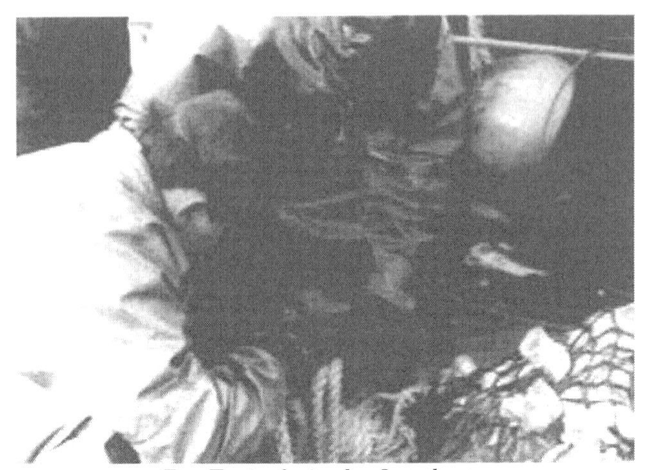

Der Zweite fertigt den Steertknoten

Nach zwanzig Minuten Fahrt in westliche Richtung hatte das Schiff die Aussetzposition erreicht. Der Echograph zeigte eine Tiefe von dreihundertzwanzig Metern. Die Ausschläge der Fischlupe ließen Kabeljauschwärme kurz über dem Meeresgrund vermuten. Die See kam bei zunehmendem Wind von Steuerbord.

„Aussetzen!“, rief der Kapitän in Richtung der unter dem Wetterschutzdach rauchenden Decksleute.

„Hiev Jonas!“, war die Order des Zweiten.

Das Fanggeschirr wurde ausgesetzt. Die Jagd nach dem Kabeljau ging weiter.

ARBEITSUNFALL MIT FOLGEN

Das Netz wurde zum letzten Mal auf dieser Fangreise gehievt. Die Besatzung des Loggers „Charlotte“ fischte mit dem Grundschleppnetz auf den Fangplätzen vor Svinöy in der Norwegischen See.

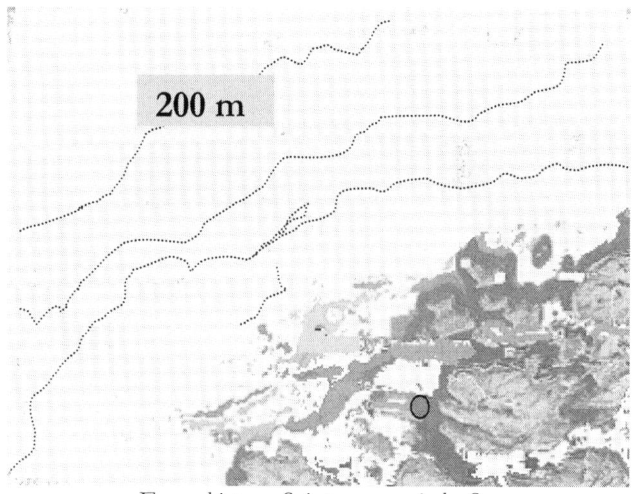

Fanggebiet vor Svinöy, norwegische See

Der Meeresgrund war steinig. Wiederholt kam es zu Schäden am Netz und an den Fanggeschirrzubehörteilen. In den letzten acht Tagen wurden tausendeinhundert Körbe Köhler gefangen und bearbeitet.

Der Fisch wurde geschlachtet, gewaschen und in den Laderäumen des Trawlers vereist. Die Decksleute waren nach einer Woche durch die körperlich sehr anstrengende Tätigkeit ausgepowert und müde. Die Fische wurden in gebückter Haltung geschlachtet. Es handelte sich vorwiegend um große Fische mit Längen bis zu siebzig Zentimetern. Einige waren bis zu hundertzwanzig Zentimetern lang.

Köhler werden geschlachtet

Zwei der Decksleute hatten Sehnenscheidentzündungen an den Unterarmen. Prellungen und Zerrungen traten auch häufig auf. Durch die Kränkungen und das Stampfen des Schiffes bei querlaufender See und der Glätte an Deck rutschten die Decksleute oft aus, fielen hin und stießen sich an allen möglichen Körperteilen. Andere hatten sich beim Vorhieven und Abfangen der Seitenscherbretter bei stürmischer See und des Rollengeschirrs an den Unterarmen und am Ellenbogen verletzt. Verstauchungen und Quetschungen musste der Erste Steuermann häufig behandeln. Schonarbeitsplätze gab es nicht.

*

„Hiev up!“, rief Kapitän Rusch aus dem Steuerbordbrückenfenster.

„Hiev up!“, wiederholte der Bestmann die Order des Kapitäns und kuppelte die Windentrommeln mit dem Backbordwindenmann ein. Er begann zu hieven, nachdem die Kurrleinen aus dem Slipphaken gefallen waren. Es waren sechshundertfünfzig Meter zu hieven. Kapitän Rusch hatte in Wassertiefen um die zweihundert Meter gefischt.

„Letzte Fünfzig!“, meldete der Bestmann durch Zuruf dem aus dem Brückenfenster schauenden Kapitän.

Die See kam von Steuerbord. Kapitän Rusch nahm die Fahrt aus dem Schiff.

„Hiev up!“, war die weitere Order des Kapitäns an den Bestmann.

Die Seitenscherbretter wurden vorgehievt und abgefangen. Es wurde weitergehievt. Das Rollengeschirr wurde an Deck genommen, das Vornetz mit der Hand eingeholt und der Tunnel mit dem „Flitzer“ gehievt, bis der Steert sichtbar wurde. Vierzig Körbe Köhler schätzte der Kapitän.

Harry Belt, der Netzmacher, legte mit dem Decksmann Rudi Oswald den dicken Hievstropp mehrmals um den Steert und pickte den Bobbyhaken in beide Augen des Stropps ein.

„Hiev Bobby!“, brüllte Harry in Richtung des Windenmannes.

Langsam wurde der volle, mit Köhler gefüllte, schwere Beutel unter Berücksichtigung der Krängung des Schiffes an Deck gehievt und abgefangen.

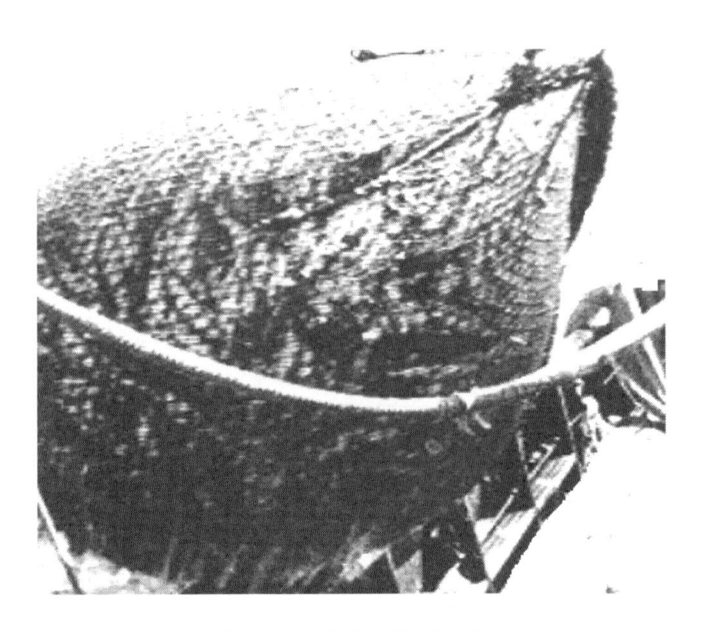

Voller Steert wird an Deck gehievt

Harry Belt lief gebückt zum Steert und begann den Steertknoten zu lösen.

Langsam wickelte er die einzelnen Törns ab, bis der Überhandknoten frei lag. Durch das Gewicht der Fische und die Bewegung des hängenden Steertes öffnete sich der Knoten. Die Codleine rutschte durch die Endmaschen. Die Öffnung wurde schnell größer. Große Mengen Köhler rutschten an Deck und rissen dem Netzmacher die Beine weg. Harry stürzte und wurde gewaltsam gegen die Decksschotten geschleudert. Er fühlte starke Schmerzen im linken Ellbogen- und Schultergelenk. Der Netzmacher schrie auf. Sofort zogen die nahestehenden Decksleute ihn aus dem Fischberg, der sich in der Hocke staute.

„Hoffentlich habe ich mir nichts gebrochen“, stöhnte Harry und stützte sich auf eins der Decksschotten.

Steertknoten ist geöffnet, Fisch rutscht aus dem Steert

Sven, einer der Auszubildenden, half ihm beim Ausziehen des Ölhemdes und begleitete ihn zum Brückenraum.

„Wo schmerzt es denn?“, fragte der Kapitän sorgenvoll, als Harry den Brückenraum betrat.

„Ich habe starke Schmerzen im linken Ellbogen- und Schultergelenk“, stöhnte Harry.

Rusch hatte den Unfall beobachtet. Er ahnte Böses und ließ den Ersten Steuermann wecken.

„Melde dich beim Ersten Steuermann. Er wartet in der Krankenkammer auf dich“, sagte der Kapitän.

Harry verließ mit dem Azubi den Brückenraum.

„Wo tut's denn weh, Harry?", fragte der Erste, als er in die Krankenkammer eintrat.

Harry zeigte mit der rechten Hand auf seinen linken Arm.

„Die Gelenke lassen sich nicht richtig bewegen. Sie schwellen an", teilte Harry dem Ersten mit.

Auf die Bitte des Ersten zog der Azubi Harry behutsam den Pullover und das Unterhemd aus. Der Erste taste die schmerzenden Stellen ab.

„Gebrochen ist nichts. Da hast du Glück im Unglück gehabt", beruhigte der Erste den Netzmacher. „Harry, du bleibst bis zum Einlaufen des Schiffes im Fischereihafen in der Krankenkammer und schläfst in der Schlingerkoje. Die schmerzenden Stellen wirst du in Abständen kühlen. Sven wird dir dabei helfen. Später lege ich dir eine Schiene und eine Bandage an, um die Gelenke zu entlasten. Im Fischereihafen werden wir dich einem Unfallarzt vorstellen", sagte der Erste zu Harry.

*

Am Abend des gleichen Tages füllte der Erste Steuermann zusammen mit Harry, wie vom Sozialversicherungsträger vorgeschrieben, die Unfallanzeige aus. Harry schilderte den Unfallhergang und beantwortete die Frage nach der Unfallursache.

„Der Unfall wäre vermieden worden, wenn vor dem Öffnen des Knotens der Steert etwas eingefiert worden wäre. Die Gewichtskraft auf den Knoten hätte sich verringert und der Fisch wäre nicht so gewaltsam aus dem Steert gerutscht“, sagte der Erste vorwurfsvoll zu Harry.

„Ich habe eine andere Meinung. Das Öffnen des Knotens, unter einer schwebenden Last, ist technologisch so vorgesehen. Das Krängen des Schiffes durch die quer laufende See, die Gewichtskraft der glatten Fische, mein verringertes Reaktionsvermögen durch Übermüdung, sind die wahren Unfallursachen“, antwortete Harry wütend auf die Anschuldigungen des Ersten. Die ausgefüllte Unfallanzeige wurde durch die Zeugen, zwei Decksleute, die in unmittelbare Nähe des Unfallortes gestanden hatten, unterschrieben.

*

In regelmäßigen Abständen kontrollierte der Erste die Therapiemaßnahmen. Es zeichnete sich eine Linderung in den betroffenen Gelenken ab.

Im Fischereihafen wartete schon der Krankenwagen. Harry wurde in die nahe Poliklinik gefahren. Das angefertigte Röntgenbild bestätigte die Diagnose des Ersten Steuermanns. Harry erhielt eine neue Bandage.

„An der kommenden Reise können Sie nicht teilnehmen. Die Gelenke müssen noch geschont werden“, sagte der Arzt und übergab Harry einen Arbeitsbefreiungsschein. „Nach acht Tagen stellen Sie sich wieder zur Kontrolle und Nachbehandlung in der Poliklinik vor“, waren die letzten Worte des Arztes, bevor Harry den Behandlungsraum verließ.

Er ging an Bord zurück und teilte dem Ersten Steuermann die Arbeitsbefreiung mit. Dann nahm er seinen gepackten Seesack und verließ nach der Einklarierung das Schiff. Seine Frau und die drei Töchter holten ihn ab. Ein Vertreter der Reederei hatte Frau Belt telefonisch über den Eintritt des Arbeitsunfalls informiert.

*

Nach acht Tagen stellte sich Harry, wie vom Hafenarzt verlangt, zur Nachkontrolle vor.

„Es sieht gut aus. Die Schwellungen sind zurückgegangen. Die Bandage wird nicht mehr erneuert. Bald können Sie wieder zur See fahren“, meinte der Arzt.

„Herr Doktor, ich habe immer noch Schmerzen in beiden Gelenken“, sagte Harry.

„Sie müssen die Gelenke noch etwas schonen. Ich schreibe Sie noch acht Tage krank. Dann stellen Sie sich noch einmal vor“, sagte der Arzt und übergab Harry den Arbeitsbefreiungsschein.

Für die Zeit der Arbeitsbefreiung erhielt Harry Unfallgeld. Der auf See eingetretene Unfall wurde als Arbeitsunfall anerkannt.

*

Nach weiteren acht Tagen stellte sich Harry wieder dem behandelnden Arzt vor.

„Guten Tag, Herr Belt, wie geht es Ihnen heute?“, fragte der Arzt den Netzmacher

„Herr Doktor, ich habe immer noch Schmerzen“, klagte Harry.

Der Arzt ließ noch einmal röntgen und diagnostizierte jetzt in beiden Gelenken eine Arthrose, einen fortschreitenden Gelenkverschleiß.

„Herr Belt, die aktuellen Schmerzen sind nicht die Folge ihres Arbeitsunfalls. Ursache der Schmerzen ist eine fortschreitende Arthrose“, erklärte der Arzt. „Diese Krankheit, der Verschleiß in den Gelenken, wurde durch die jahrzehntelange, schwere, körperliche Arbeit an Bord mit verursacht. Der Arbeitsunfall war nur der Auslöser“, so die Erläuterungen des Arztes.

„Wenn es kein Arbeitsunfall war, was ist es denn?“, fragte Harry den Arzt.

„Es ist eine Krankheit. Sie werden im Falle der Krankschreibung nur Krankengeld erhalten und kein Verletztengeld mehr“, informierte der Arzt den ungläubig schauenden Harry.

„Der Gelenkverschleiß oder wie sie sagen, die Arthrose, wurde durch die körperlich schwere Arbeit an Bord verursacht. Warum ist es keine Berufskrankheit?“ fragte Harry weiter.

„Diese Krankheit ist bis jetzt noch nicht als Berufskrankheit anerkannt. Viele Menschen haben sie. Auch die Sekretärin, Frau Piep, im Schreibbüro, hat Verschleißerscheinungen in den Handgelenken“, sagte der Doktor.

„Herr Doktor, seit wann werden Schreibarbeiten mit der Schufterei in der Hochseefischerei gleichgestellt?“, fragte Harry erzürnt.

Der Arzt antwortete nicht auf den Vorwurf. Er wusste, dass die Verschleißerscheinungen in den Gelenken. durch die schwere Arbeit verursacht worden waren.

„Eine Anerkennung als Berufskrankheit ist gerechtfertigt“, sagte der Arzt.

„Eine Seetauglichkeit kann ich Ihnen nicht mehr bestätigen. Ich werde Ihre Reederei über ihre Krankheit informieren. Einer weiteren körperlich schweren Arbeit kann ich nicht zustimmen“, sagte der Arzt zum Erstaunen des Netzmachers.

„Herr Doktor, von dem Verdienst an Land kann ich mein Haus, das ich von meiner Mutter geerbt habe, nicht mehr sanieren lassen. Meine Kinder sind noch schulpflichtig. Ich brauche das Geld, was ich in der Hochseefischerei verdiene“, betonte Harry mit Nachdruck.

„Ihre Krankheit ist nicht heilbar. Der vorhandene Verschleiß in den Gelenken lässt sich nicht rückgängig machen. Ich kann nur ein Fortschreiten der Krankheit verhindern und die Beschwerden lindern“, betonte der Arzt mit bedauern.

„Herr Belt, ich schreibe Sie ab Montag arbeitsfähig. Melden Sie sich bitte in der Personalabteilung der Reederei. Einer Seetauglichkeit kann ich nicht mehr zustimmen“, sagte der Arzt zu Harry und forderte ihn freundlich auf, den Behandlungsraum zu verlassen.

*

Harry ging zum Personalbüro der Reederei und teilte dort die Entscheidung des Arztes mit.

„Herr Belt, ich werde mich mit Ihrem Problem befassen. Fragen Sie bitte am Freitagvormittag noch einmal nach“, sagte der Personalleiter und bat um etwas Geduld.

Am Freitag fragte Harry, wie vereinbart, beim Personalleiter nach.

„Herr Belt, Sie können im Hafenwachdienst arbeiten. Dort werden noch seemännisch erfahrene Mitarbeiter benötigt. Schlüssel- und Telefondienst, Kontrolle der Leinen, der Landgänge, Gewährleistung der Sauberkeit in den Betriebsgängen und auf den Decks wären einige der durch Sie zu verrichtenden Tätigkeiten“, sagte der Personalleiter.

„Wie ist es mit meinem Verdienst?“, fragte Harry.

„Der Verdienst ist mit dem an Bord nicht vergleichbar. Es wird für Sie eine große Umstellung sein. Sie erhalten Stundenlohn – anfallende Überstunden werden bezahlt oder in Freizeit abgegolten“, antwortete der Personalleiter auf die Nachfrage. „Außerdem benötigen wir einen Netzmacher. Für die Reparatur- und Herstellung von Netzen wird auf dem großen Netzboden eine Fachkraft gebraucht. Sie könnten dort schon morgen mit der Arbeit beginnen. Und dann suchen wir auch noch für die Lehrausbildung einen Ausbilder. An Bord waren Sie auch mit für die Berufsausbildung tätig und verantwortlich“, meinte der Personalleiter.

Harry konnte sich nicht entscheiden. Er wollte sich mit seiner Frau beraten. Der Personalleiter schlug Harry vor, sich in den nächsten Tagen zu entscheiden.

„Andernfalls müssen wir das Arbeitsverhältnis mit Ihnen auflösen. Sollten Sie sich für einen der unterbreiteten Vorschläge entscheiden, würden wir einen Änderungsvertrag mit Ihnen abschließen", sagte der Personalleiter.

Harry verließ enttäuscht das Personalbüro. Zu Hause sprach er mit seiner Frau und den Kindern über die Arbeitsangebote der Reederei. Nach dem Abwägen aller Vor- und Nachteile entschied er sich für die Tätigkeit als Ausbilder auf dem Lehrnetzboden. Umgehend informierte er den Personalleiter, der ihm noch am gleichen Tag den Änderungsvertrag zukommen ließ.

Harry begann eine neue ungewohnte Arbeit an Land.

KRANK DURCH ALKOHOL

Jürgen Halse, ein mittelgroßer schlanker Mann, fuhr schon acht Jahre auf Schiffen der Großen Hochseefischerei. Er hatte den Beruf des Hochseefischers gelernt und war als Matrose, Netzmacher und auch als Bestmann auf Loggern und Trawlern tätig gewesen. Aufgrund eines Alkoholdeliktes hatte der Kapitän der „Maria“ ihn abgemustert. Er war beim Einholen des Fanggeschirrs betrunken gewesen und hatte durch sein Fehlverhalten einen Decksmann gefährdet.

Vor acht Tagen hatte er auf der „Doris“, einem Seitentrawler, als Netzmacher angemustert. Er wohnte im Vorschiff, mit Paul Dwars, dem Bestmann des Schiffes, in einer Zwei-Mann-Kammer auf der Steuerbordseite, zusammen. Es war eine geräumige Kammer mit einem fest angebrachten Sofa, Doppelstockkojen, zwei schmalen Kleiderschränken, zwei Backskisten, einem vor dem Sofa stehenden, mit dem Fußboden verschraubten Tisch und einem Stuhl. Ein Bullauge brachte das Tageslicht in die Kammer. Bei schlechtem Wetter wurde es mit einer Stahlblende verschlossen.

Der Trawler war auf der Hinreise zu den Fangplätzen der Barentssee.

Paul Dwars war ein großer kräftiger Mann, der Zupacken konnte und vom Kapitän und den Decksleuten geachtet wurde Beide bereitete mit den Decksleuten das Grundschleppnetz zum Fang von Rotbarsch vor.

Heute hatten sie das Rollengeschirr, das Beschwerungsmittel für das Grundschleppnetz, zusammengestellt und am Schanzkleid mit Tampen an Befestigungsringen angebunden. Es war für die Decksleute ein angenehmer Seetag. Der Wind kam aus Nordnordwest, Stärke 3. Die See war leicht bewegt, der Himmel durchgehend bedeckt.

Nach dem Abendessen spielten Jürgen und Paul in der Regel eine Partie Schach. Dabei trank jeder eine Flasche Bier. Den Verkauf von alkoholischen Getränken an die Besatzung hatte der Kapitän geregelt. Die Ausgabe von Bier erfolgte durch den Zweiten Steuermann.

„Nur eine Flasche Bier pro Tag und pro Person“, war die Weisung des Kapitäns.

An jedem Sonnabend war Bierausgabe durch den Zweiten Steuermann. Jedes Besatzungsmitglied erhielt die festgelegte Menge. Die Ausgabe wurde schriftlich festgehalten und jeder musste den Erhalt des Bieres bestätigen. Mit der Neuausgabe erfolgte die Abgabe der leeren Flaschen. Nur bei Abgabe der leeren Flaschen, wurde durch den Zweiten wieder Bier ausgegeben. Es konnte kein Bier gehortet werden.

„So kommt es zu keinem Saufgelage“, sagte der Kapitän auf der Schiffsleitungssitzung zu seinen Offizieren. „Diese Festlegung gilt auch für euch“, warnte er. „Die Ausgabe von Schnaps und Wein erfolgt nur nach meiner Zustimmung“, war seine weitere Weisung an den Funker, der für die Ausgabe und Abrechnung von Schnaps und Wein verantwortlich war. Der Kapitän wusste genau, welche Menge Alkohol jedes Besatzungsmitgliedes konsumierte.

Karl Klarer war ein erfahrener Kapitän. Es gab eine Reihe von Vorkommnissen in seinem Seemannsleben, die ihn zu diesen Entscheidungen veranlasste. Einige

Männer brachten Alkohol von zu Hause mit und versteckten die Flaschen in der Kojenmatratze. Es war eine Frage der Zeit, dann hatte der Kapitän die „Widerständler“ erwischt.

„Ihr habt euch nicht an die Weisung gehalten. Für euch gibt es während der gesamten Reise keinen Alkohol mehr. Sollte jemand mit meinen Festlegungen nicht einverstanden sein, kann er nach der Reise abmustern und sich bei der Gewerkschaft beschweren. Wir sind hier, um zu arbeiten, nicht um zu saufen“, sagte der Kapitän mit zornigen Worten.

Von Seiten der Frevler gab es keine Widerrede. Der Kapitän hatte mit dieser Erziehungsmethode Erfolg. Jürgen Halse kannte diese Regelung noch nicht. Auch auf den anderen Schiffen hatten die Kapitäne vorbeugende Maßnahmen getroffen. Er hatte drei Flaschen des „Blauen Würgers“ mitgebracht und sie an einem „sicheren Platz“ in der Netzlast versteckt. In den zurückliegenden Jahren hatte er sich an den Alkohol gewöhnt. Er trank regelmäßig, in den ersten Jahren mehr oder weniger geringfügig, dann immer mehr.

*

Am folgenden Tag spleißten die Decksleute an Deck Drahtstander für das Vornetz und neue Brettstande für die Seitenscherbretter sowie die fünfzig Fußstander und Jager für das Vorgeschirr. Morgen sollte das neue Netz für den Fang angeschlagen werden. Der Wind und der Seegang hatten nicht zugenommen. Bei der Fahrt kam kein Spritzwasser an Deck.

Jürgen Halse arbeitete in der Netzlast und bereitete den Steert vor. Er nähte die Endmaschen und die Verstärkungen an, spleißte den Teilstropp und zog die Codleine durch die doppelt gestrickten Endmaschen. Er dachte ständig an Alkohol und begann, sobald die Decksleute zum Frühstück in der Messe waren, heimlich zu trinken. Er entnahm aus seinem Versteck eine Flasche „Blauer Würger" und trank mehrere kräftige Schlucke aus der Flasche. Bevor er sie wieder versteckte, schaute er zum Niedergang. Keiner durfte von seinem Versteck wissen. Der Schluck aus der Buddel stärkte wieder sein Wohlbefinden und Selbstbewusstsein.

Der Kontakt mit den Decksleuten und dem Bestmann war kollegial und kameradschaftlich. Er wurde als guter Netzmacher geachtet. Das war ihm wichtig. Jürgen wusste aber auch, dass er in zeitlichen Abständen Alkohol brauchte. Während der letzten Fangreise hatte er Entzugserscheinungen. Sein Körper zitterte, er hatte Wortfindungsstörungen, war nervös und unruhig. Gegenüber Auszubildenden war er manchmal aggressiv und streitsüchtig. Es gab Tage, da war seine Leistungsfähigkeit stark gemindert, besonders bei der stundenlangen Bearbeitung von Kabeljau.

*

Nach dem Abendessen spielten Jürgen und Paul eine Partie Schach. Jeder trank wieder seine tägliche Flasche Bier.

„Jürgen, beim Abendessen zitterten deine Hände. Bist du krank?", fragte Paul.

„Mir geht es gut. Ich habe keine Probleme“, antwortete Jürgen und trank einen Schluck aus seiner Flasche.

„Im Moment spielst du schlecht. Ich kann dir mit meinem Bauer deinen Springer wegnehmen. Du musst dich konzentrieren“, sagte Paul und nahm ihm den Springer mit einem Lächeln weg.

„Vor dem Auslaufen traf ich Fritz Boll. Er sagte mir, du bist wegen Alkoholmissbrauchs abgemustert worden. Stimmt das?“, fragte Paul weiter.

„Ja, das stimmt. Ich hatte ein Vorkommnis“, antwortete Jürgen.

„Was war das für ein Vorkommnis?“, fragte Paul neugierig.

„Was willst du von mir? Die Sache ist abgeschlossen. Jetzt gibt es kein Vorkommnis mehr“, antwortete Jürgen gereizt, beendete das Spiel und legte sich schlafen.

*

Nach dem Frühstück wurde das Netz angeschlagen. Paul ließ das vorbereitete Grundschleppnetz, den Tunnel und Steert aus der Netzlast hieven. Das Vornetz wurde lang geholt und das Grundtau an den Klotjeketten des Rollengeschirrs angebändselt. Jürgen nähte den Tunnel an das Trichterstück. Die Decksleute schäkelten die Netzstander an das Vornetz.

„Paul, befestige noch acht Aluminiumauftriebskugeln auf dem Oberblatt des Steertes!“, war die Order des Kapitäns, nachdem er die Vorbereitungsarbeiten an Deck kontrolliert hatte.

Paul ging in die Netzlast und entnahm acht Aluminiumkugeln aus einem Verschlag, der sich unter dem Niedergang befand. Da sah er auf dem Boden, verdeckt durch weitere Kugeln, drei Schnapsflaschen in Putzlappen eingewickelt liegen. Paul dachte sofort an Jürgen. Er hatte sie am Auslauftag versteckt. Eine war nur halb voll. Paul nahm die Flaschen und versteckte sie hinter einer Lüfterklappe. Danach nahm er die acht Kugeln, brachte sie an Deck und begann mit der Befestigung dieser am Oberblatt des Steertes.

Jürgen hatte die Abwesenheit von Paul nicht bemerkt. Um zehn Uhr verließen die Decksleute das Deck und machten eine Kaffeepause. Paul ging in seine Wohnkammer, schaltete den elektrischen Wassertopf an und wartete auf Jürgen. Er kam nicht. Jürgen war in der Netzlast und wollte einen Schluck aus der Flasche nehmen. Die Flaschen waren nicht mehr da. Er ahnte Böses. Seine Hände zitterten. Er ging an Deck und arbeitete weiter. Am Nachmittag waren die Vorbereitungsarbeiten abgeschlossen. Das Fanggeschirr lag an Deck und konnte ausgesetzt werde.

*

Nach dem Abendessen spielten Paul und Jürgen wieder eine Partie Schach und tranken ihre letzte Flasche Bier.

„Morgen ist Sonnabend, dann können wir wieder unsere Wochenration Bier abholen“, sagte Paul und setzte den Königsbauer ein Feld vor.

Die Hände von Jürgen begannen wieder leicht zu zittern. Er konnte sich nicht voll konzentrieren.

„Du zitterst ja wieder mit den Händen. Bist du krank?", fragte Paul.

„Meine Hände zittern immer, sobald ich eine Flasche Bier getrunken habe", antwortete Jürgen.

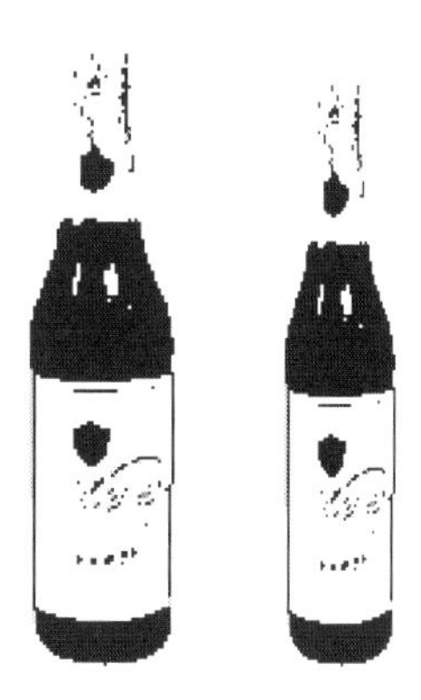

„Im Gegenteil. Nachdem du deine Flasche Bier getrunken hast, hört das Zittern auf. Jürgen, mit dir stimmt was nicht. Leidest du unter Entzugserscheinungen?", fragte Paul.

„Du hast recht. Ich brauche täglich eine geringe Menge Alkohol", sagte Jürgen und war froh, dass er sein Geheimnis Paul anvertraut hatte.

„Wie lange hast du diese Entzugserscheinungen schon", fragte Paul.

„Seit einem halben Jahr", antwortete Jürgen.

„In diesem Fall bist du ein Spiegeltrinker. Sobald du den Spiegel nicht hältst, leidest du an Entzugserscheinungen. Du bist gezwungen, eine Menge an Bier und Schnaps zu trinken, um den gleichen Effekt aufrecht zu erhalten", erläuterte Paul dem missmutig zuhörenden

Netzmacher. „Jürgen, du bist alkoholkrank. Es ist ein warmer Entzug, mit ärztlicher, medizinischer und pharmazeutischer Unterstützung im Krankenhaus notwendig. Die Entzugssymptome eines Spiegeltrinkers sind das Zittern der Hände, Schweißausbrüche, trockenes Erbrechen, hohe Reizbarkeit, Nervosität, meist verbunden mit geringer Nahrungsaufnahme und stetigem Rauchen. Alles das kann ich bei dir beobachten", erklärte Paul.

„Jetzt bin ich an Bord. Ein Krankenhaus kann ich erst nach dem Einlaufen des Schiffes aufsuchen. Entzugserscheinungen habe ich aber jetzt. Was soll ich tun? Ich brauche in zeitlichen Abständen einen ‚Schluck'", antwortete Jürgen.

Paul wusste keine Antwort auf die berechtigte Frage. „Paul, ich hatte drei Flaschen in der Netzlast versteckt. Jetzt sind sie nicht mehr da. Hast du die Flaschen gefunden und versteckt", fragte Jürgen hoffnungs- und vorwurfsvoll.

„Ich brauche morgens einen Schluck aus der Flasche und die Flasche Bier zum Abendbrot. Nur so kann ich die Reise überstehen. Der Entzug ist so heftig. Manchmal möchte ich außenbords springen", beichtete Jürgen.

„Ich werde noch heute Abend mit dem Kapitän sprechen. Er ist ein kluger und erfahrener Mann. Er wird eine richtige Entscheidung treffen", sagte Paul.

„Muss das sein?", fragte Jürgen und legte sich in die Koje.

*

Paul meldete sich beim Kapitän in dessen Wohnkammer.

„Kapitän, ich bitte um ein Gespräch unter vier Augen“, sagte Paul und schaute auf die Fanggeschirrzeichnungen, die der Kapitän auf seinem Schreibtisch ausgebreitet hatte.

„Nimm Platz. Wie kann ich dir helfen?“, fragte der Kapitän neugierig.

Paul erzählte alles, was er über die Alkoholkrankheit von Jürgen wusste.

„Hol den Netzmacher. Ich will mit ihm sprechen“, sagte der Kapitän und räumte den Schreibtisch auf.

Jürgen meldete sich kurze Zeit danach beim Kapitän. „Erzähl mir noch einmal dein Problem. Paul hat mich informiert. Ich möchte es noch einmal von dir persönlich hören“, sagte der Kapitän zum Netzmacher.

Jürgen erzählte ausführlich über seine Alkoholsucht in den letzten Monaten.

„Jürgen, du musst dich entgiften lassen. Nach der Einweisung in ein Krankenhaus erhältst du anfangs hoch dosiert sieben Tage lang Medikamente, die einen epileptischen Krampfanfall oder ein Organversagen verhindern. Danach beginnt die Alkoholentwöhnung über einen längeren Zeitraum“, informierte der Kapitän Jürgen ohne weitere Erläuterungen.

„Der Motor unsere Kurrleinenwinde hat einen Schaden und muss ausgewechselt werden. In drei Tagen sind wir wieder im Fischereihafen. Ich werde morgen mit dem Hafenarzt telefonieren und für dich die Entgiftung und Entwöhnung beantragen. Bist du mit meinem Vorschlag einverstanden?", fragte der Kapitän erwartungsvoll. „Keiner kann dich zwingen."

„Ja, ich möchte sofort mit der Entgiftung beginnen. Durch den „Fusel" habe ich meine Lebensgefährtin verloren. Meine Geschwister sprechen nicht mehr mit mir. Ich möchte noch einmal neu anfangen", beschwor Jürgen den Kapitän.

„Helfen können nur Experten. Deine Eltern, deine Lebensgefährtin und auch Paul können dir nicht unmittelbar helfen. Dein Wille ist mit entscheidend. Andernfalls verlierst du nicht nur deine Freunde, deine Seetauglichkeit und wenn es schlimm kommt, auch dein Leben", waren die warnenden Worte des Kapitäns.

*

Die „Doris" lief vormittags im Fischereihafen ein. Die Männer der Werkstatt warteten am Liegeplatz, um pünktlich mit der Reparatur des Windenmotors zu beginnen. Auch der Hafenarzt wartete. Jürgen erhielt von ihm den Überweisungsschein für die Aufnahme ins Krankenhaus. Er hatte in den letzten Tagen sichtbare Entzugserscheinungen. Der Vater von Jürgen war gekommen, um ihn abzuholen und ins Krankenhaus zu begleiten.

„Paul, ich danke dir für deine ehrliche und kameradschaftliche Hilfe", sagte Jürgen und schaute ihm fest in die Augen.

Ein fester Händedruck zum Abschied war sein Dank und besiegelte sein gegebenes Versprechen.

KONTROLLE OHNE BEANSTANDUNGEN

Robert Rübeck, Kapitän des Heckfängers „Margarete“, ließ das Grundschleppnetz einholen. Zwei Inspektoren der Nordwestatlantischen Fischereiorganisation hatten sich angemeldet, um die Konstruktion des Grundschleppnetzes, speziell des Steertes, auf die Einhaltung der international festgelegten Mindestmaschengrößen zu kontrollieren. Kapitän Rübeck wusste, dass ein Verstoß gegen die internationalen Bestimmungen hart bestraft werden würde. Schwerpunkte der Kontrolle waren der Scheuerschutz auf dem Steert, die Maschengröße sowie die Mindestlänge des Kabeljaus. Rübeck hatte die Netzmacher angewiesen, den Steert in regelmäßigen Zeitabständen auf die Mindestmaschengröße zu überprüfen. Die Ergebnisse wurden im Fangtagebuch dokumentiert. Die Prüfung der Maschen des Steertes erfolgte mit der vorgeschriebenen NAFO Messlehre. Die Maschengröße des Netztuches für den Scheuerschutz, die Befestigung des Scheuerschutzes im Oberblatt und der Ochsenfelle im Unterblatt entsprach den Festlegungen der NAFO Bestimmungen. Eine Muffe mit eingestanzter Steertkennnummer, wie angewiesen, war angebracht. Rübeck war zufrieden.

„Warum sind Mindestmaschengrößen im Steert notwendig? Je kleiner die Maschen, desto mehr Kabeljaue sind im Steert“, sagte der Auszubildende, der das Schiff während des Schleppens und Einholen des Fanggeschirrs steuerte.

„Durch diese Maßnahmen wird gewährleistet, dass der kleine Kabeljau entweichen kann. Sonst kommt es zur

Überfischung in diesem Fanggebiet“, antwortete der Kapitän.

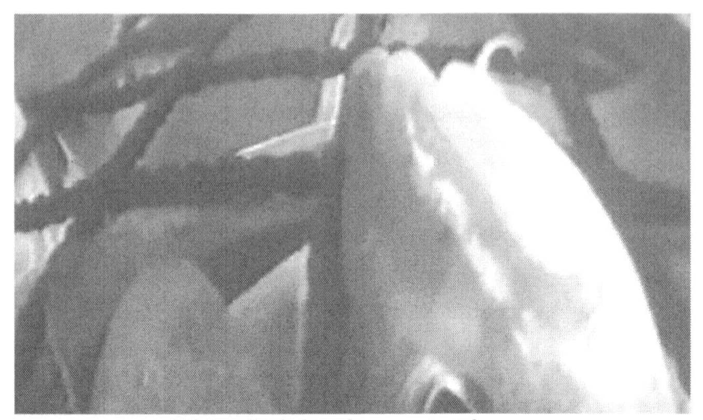

Kleiner Kabeljau kann entweichen

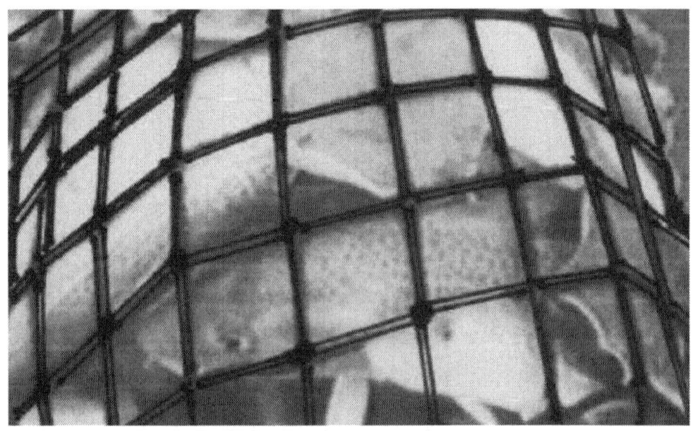

Kabeljau, gefangen im Steert

„Der kleine Kabeljau wird trotzdem oft im Steert mit den anderen festgehalten“, sagte der Auszubildende. Er hatte kleinen Kabeljau in geringen Mengen beim Entleeren des Steertes in die Bunkerluke gesehen.

„Untermaßige Fische sind in geringer Anzahl erlaubt“, antwortete der Kapitän und berief sich auf die NAFO Vorschriften.

„Bei der Reparatur von Löchern und Rissen im Steert und im Scheuerschutz sind die Mindestmaschengrößen unbedingt einzuhalten“, belehrte der Kapitän die Netzmacher und den Bestmann immer besonders dann, wenn er an Deck war und der Fang über dem Aufnahmebunker entleert wurde.

Alle Decksleute wussten, dass ein Verstoß gegen die internationalen Bestimmungen bestraft würde und ein Fangverbot ausgesprochen werden könnte. Auf einer Bordversammlung hatte Rübeck den Decksleuten die Bedeutung der Mindestmaschengrößen im Steert und Scheuerschutz erläutert.

„Ohne die Maßnahmen der NAFO käme es zur Überfischung in diesem Fischereigebiet“, sagte Rübeck zu seinen Decksleuten.

Er war überzeugt von der Richtigkeit der getroffenen internationalen Maßnahmen.

*

Langsam hievte der Zweite Steuermann, Bodo Bast, die letzten fünfzig Mete der Kurrleinen vor, bis die Scherbretter vor der Traverse des Heckfängers am Hangerblock hingen. Diese wurden durch die Decksleute mit Ketten abgefangen und beide Kurrleinen eingefiert. Danach wurden die Quetschglieder aus dem G-Haken ausgepickt, die Kurrleinen mit den Händen in die Heckslip geworfen und durch den Zweiten Steuermann vom Windenfahrstand aus weitergehievt bis die Hahnepotverlängerungen ausgeschäkelt werden konnten.

Das Rollengeschirr, das Netz und der Steert wurden an Deck gehievt und nach dem Öffnen des Steertknotens der Steert mit dem Kippläufer über der Bunkerluke entleert. Es war ein guter Hol – dreihundert Körbe Kabeljau konnten in zwei Stunden Schleppzeit gefangen werden.

Kapitän Rübeck verließ den Brückenraum. Er war mit der Menge des gefangen Fisches sehr zufrieden. Auf dem Fangdeck kontrollierte er mit dem Netzmacher die Maschengröße des Steertes und den Anteil der untermaßigen Fische.

„Die Inspektoren können kommen. Es gibt keine Mängel", sagte Rübeck zum Bestmann.

Steert wurde an Deck gehievt

*

Die Inspektoren der NAFO hatten sich bei Kapitän Rübeck, über UKW-Sprechfunk, angemeldet. Das Boot legte achtern, an der Steuerbord" Seite des Schiffes, an. Durch die Bootsbesatzung wurden die Vor- und Achterleine über das Schanzkleid geworfen und durch die Decksleute der „Margarete" wahrgenommen. Die Decksleute warfen Leinen vom Schiff aus ins Schlauchboot, an denen die Inspektoren ihre wetterfesten Taschen befestigten. Schnell wurde alles an Bord geholt. Zwei Inspektoren bestiegen über eine am Schanzkleid fest angebrachte Lotsenleiter das Schiff. Der Zweite Steuermann begleitete beide zum Brückenraum, wo sie der Kapitän freundlich begrüßte. Der Inspektionsleiter erläuterte Kapitän Rübeck in englischer Sprache die Inspektionsaufgaben. Kontrollschwerpunkte waren die Mindestmaschengrößen des Steertes und der Anteil der untermaßigen Fische beim letzten Fang.

Der Inspektionsleiter ließ den Steert des verwendeten Netzes durch die Decksleute im Beisein des Kapitäns lang holen. Er kontrollierte persönlich die Maschengrößen nach einer vorgegeben Reihenfolge mit der NAFO Maschenlehre. Die Ergebnisse wurden durch den zweiten Inspektor in Formularen protokolliert. Es gab keine Beanstandungen. Unter Deck erfolgte die Kontrolle auf Einhaltung der Mindestlängen des gefangenen Kabeljaus. Auch hier gab es keine Beanstandungen.

Im Brückenraum kontrollierten die Inspektoren die Eintragungen in den Fangtagebüchern. Die Fangmengen, die Positionen und befischten Wassertiefen waren von Interesse.

Nach zwei Stunden wurden die Inspektoren wieder abgeholt.

Rübeck war zufrieden. Es hatte keine Beanstandungen gegeben. Es konnte weiter gefischt werden.

DIE ENTZÜNDUNG KLINGT NICHT AB

In den letzten Tagen wurde durch die Besatzung der „Barbara“ große Mengen an Rotbarsch und Kabeljau gefangen und an ein Transport- und Verarbeitungsschiff übergeben.

Transport und Verarbeitungsschiff

Hier wurde der Fisch mit Maschinen bearbeitet, gefrostet, glasiert, in Kartons verpackt und in den Frosträumen des Schiffes gestaut.

Gestaute Kartons im Frostraum

Auf der „Barbara“ geschah es, aber auch auf anderen Trawlern, dass sich Decksleute beim Einholen des Fangnetzes und bei der Übergabe des Fisches an den harten Strahlen der Rücken-, After- und Brustflossen des Rotbarsches verletzten. Diese durchdrangen die schützenden Gummihandschuhe und führten zu schmerzhaften Stichverletzungen an den Händen, insbesondere an den Fingern. Die Stichverletzungen waren häufig der Ausgangspunkt für schlimme Fingerentzündungen. Alle Decksleute wurden durch den Kapitän angehalten, Verletzungen durch Rotbarschstachel zu melden und durch den Ersten Steuermann behandeln zu lassen. Auf die verletzte Stelle wurde Wasserstoffperoxid aufgesprüht. Es wirkte antiseptisch und antibakteriell.

Rotbarsch

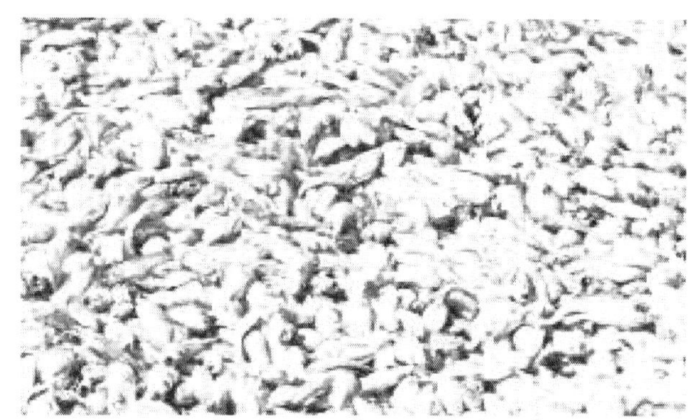
An Deck ausgeschütteter Rotbarsch

Das Fanggeschirr wurde auf der „Barbara“ an diesem Novembertag zum letzten Mal eingeholt.

„Heimreise! Ein Mann ans Ruder“, rief Kapitän Schröder aus dem Brückenfenster in Richtung des Fangdecks.

„Dieter, geh ans Ruder“, befahl der Zweite Steuermann dem an der Luke stehenden Decksmann.

Alle Decksleute waren guter Stimmung. Die Strapazen in den letzten Tagen waren auf einmal vergessen. Es ging nach achtzig langen harten Tagen auf See wieder nach Hause. Sie hatten viel Geld verdient.

Die Seitenscherbretter wurden durch die Decksleute zwischen den Galgen und dem Schanzkleid eingesetzt. Ein Teil der Decksleute bearbeitete den in einer Hocke ausgeschütteten letzten Fang; Kabeljau, Schwarzer Heilbutt und Rotbarsch.

Der Kabeljau und der Schwarze Heilbutt wurden mit stehenden scharfen Messern geschlachtet und sorgfältig mit dem aus dem Decksschlauch fließenden Seewasser in einer Hocke gewaschen. Zwei Decksleute sammelten die Fische in Körbe und schütteten diese in einen eingehängten Trichter im Lukensüll. Der Fisch rutschte über eingehängte Halbschalen aus Metall in die vorbereiteten Hocken und wurde durch den Zweiten Steuermann mit Stückeneis bedeckt.

Die Decksleute Peter Sode und Franz Ölert sammelten aus dem auf dem Deck liegenden Fang Rotbarsch mit Handpicken in die beistehenden Körbe. Diese trugen sie gemeinsam zum Lukenbereich und schütteten den Inhalt in den eingesetzten Trichter im Lukensüll. Vor dem Süll rutschte Peter im Fischschleim aus und verletzte sich dabei durch den Stich eines Rotbarschstachels an der linken Hand. Peter schrie auf. Der Stachel war tief in das Endglied, auf der Bewegungsseite des Ringfingers, eingedrungen und verursachte große Schmerzen.

„Ich habe mich an einem Rotbarschstachel verletzt. Der Finger und die Hand schmerzen fürchterlich“, schrie Peter Sode so laut, dass es alle an Deck hören konnten.

„Melde dich beim Ersten im Brückenraum. Er wird den verletzten Finger mit Wasserstoffperoxid behandeln“, war der Hinweis von Franz.

Er schüttete ohne die Hilfe von Peter den gefüllten Korb in den Trichter.

Peter Sode zog im Trockenraum sein Ölzeug aus und meldete, im Brückenraum angekommen, seine Verletzung dem Ersten Steuermann.

„Steuermann, ich habe mich an einem Rotbarschstachel am Zeigefinger der linken Hand verletzt“, sagte der

Decksmann und zeigte die noch sichtbare, aber nicht blutende Einstichstelle.

Der Erste Steuermann holte die bereitstehende Flasche mit Wasserstoffperoxid aus dem Erste-Hilfe-Schrank, sprühte das Mittel auf die verletzte Stelle und legte einen Verband an. Peter verließ danach den Brückenraum, zog sein Ölzeug wieder an und sammelte mit Franz weiter die restlichen Rotbarsche in die Körbe. Am späten Abend war der Fang des letzten Hols bearbeitet. Der Zweite Steuermann verließ mit dem Decksmann, der ihm bei der Vereisung der Fische geholfen hatte, den vorderen Eisraum. Das Lukensüll wurde durch zwei Decksleute mit Süßwasser ausgewaschen. Der Thermo-Deckel wurde eingesetzt und mit Stückeneis belegt. Abschließend wurde der eiserne Lukendeckel, zum Schutz gegen Seeschlag, aufgelegt und mit einem Sicherungsbügel versehen.

*

Peter Sode wurde durch den Zweiten Steuermann für den Brückenwachdienst eingeteilt.

„Schmerzt dein Finger noch?“, fragte der Erste, als Peter zum Wachdienst erschien.

„Es schmerzt immer noch. Die Einstichstelle ist etwas gerötet und der Finger geschwollen“, sagte Peter zum Ersten.

Der Erste Steuermann sah sich den verletzten Finger von allen Seiten an.

„Es ist eine Entzündung im Anfangsstadium. Nach dem Wachdienst gehen wir in den Krankenraum. Ein heißes Handbad in einer Kernseifenlösung, mehrmals am Tag, mit Ruhigstellung des Fingers auf einer Schiene, wird Heilung bringen“, sagte der Erste zuversichtlich.

In den folgenden Tagen wurde die Behandlung fortgesetzt. Zweimal am Tag, nach dem Wachdienst, wurde die Verletzung in heißer Seifenlösung gebadet.

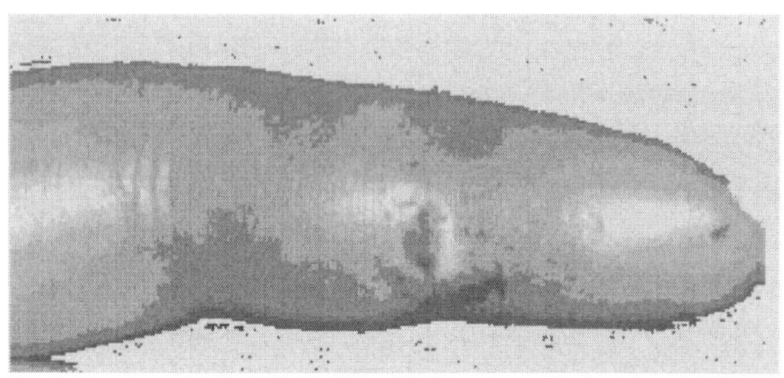

Verletzter Finger

„Die Schmerzen werden trotz Behandlung nicht weniger“, jammerte Peter.

„Die Entzündung klingt nicht ab. Im Gegenteil, sie schreitet fort“, sagte der Erste zu Peter nach der wiederholten Behandlung mit der Kernseifenlösung. „Wir befinden uns mitten im Atlantik. Ein Hafen ist nicht in der Nähe. Ich muss den Eiterherd öffnen“, fuhr er fort.

Dem Decksmann standen die Schweißperlen auf der Stirn. Er schaute auf die großen Hände des Steuermanns und dachte an seinen groben Umgangston.

„Hoffentlich geht das gut?“, fragte Peter zurückhaltend.

„Es geht gut“, sagte der Erste.

Er wusste, wenn die Eiterung weiter fortschritt, könnten die Sehnen, die Knochenhaut und die Knochen befallen werden. Sie könnte sich in der Hand und im Unterarm ausbreiten. Der Erste informierte den Kapitän und erläuterte die bisherige Behandlungsmethode. Kapitän Schröder war mit der Entscheidung des Ersten einverstanden. Dieser bereitete die weiteren erforderlichen Behandlungsmaßnahmen vor, wobei ihm der Zweite assistieren sollte. Mit der Pinzettenspitze stellte er den Hauptschmerzpunkt fest. Danach wurde der Finger mit Sepsotinktur eingepinselt. Zur Schmerzausschaltung vereiste er die Stelle mit Chloräthyl. Nachdem der zu spaltende Hautbereich weiß bedeckt war, setzte der Erste den Schnitt mit dem Skalpell in Längsrichtung des Fingers auf der Beugeseite an.

Der Schnitt war tief genug, damit der Eiter abfließen konnte. Gelbgrünlich gefärbtes Gewebe entfernte er mit der Schere und Pinzette. Danach legte er einen Mullstreifen in die Wunde, damit diese nicht zuklebte. Der Zweite Steuermann legte anschließend einen keimfreien Verband an und legte den Finger auf einer gut gepolsterten Spatelschiene ruhig. Zum Abklingen der Entzündung spritze der Erste 1,2 Mill..IE Retacillin.

„So Peter, wir haben es geschafft. Nach zwei Tagen wird der Zweite den Verband wechseln. Im Fischereihafen zeigst du die Fingerverletzung dem Hafenarzt. Er wird den Mullstreifen aus der Wunde entfernen“, sagte der Erste vertrauensvoll zu Peter.

„Bis zum Einlaufen im Fischereihafen bist du vom Brückenwachdienst befreit. Gegen die Schmerzen bekommst du von mir Tabletten. Der Finger muss ruhig gehalten werden“, sagte der Zweite.

Nach vier Tagen lief die „Barbara“ im Fischereihafen ein. Peter meldete sich beim Arzt. Dieser öffnete den Verband und entfernte den Mullstreifen.

„Mit dem Heilungsprozess bin ich noch nicht voll zufrieden“, sagte der Arzt.

Eine Arzthelferin legte den neuen Verband an.

„In zwei Tagen melden Sie sich bitte erneut zum Verbandswechsel. Sie werden eine Woche von der Arbeit befreit“, lautete die Entscheidung des Arztes.

„Darf ich in acht Tagen zur nächsten Reise mit auslaufen“, fragte Peter den behandelnden Arzt.

„Das ist vom Fortgang des Heilungsprozesses abhängig“, antwortete der Arzt und verließ den Behandlungsraum.

„Was meinen Sie?“, fragte Peter die Arzthelferin.

„Ich meine nichts“, antwortete sie und sicherte den Verband mit einem Pflasterstreifen.

Peter ging zurück an Bord, nahm sein Gepäck, verabschiedete sich beim Zweiten, der noch auf den Chef des Löschgangs wartete.

„Sollte ich für die kommende Reise keine Seetauglichkeit bekommen, werde ich meinen Urlaub und die mir noch zustehenden Seetage nehmen“, informierte Peter den Zweiten.

„Wir werden dich anfordern. Der Kapitän möchte, dass du als Netzmacher musterst“, sagte der Zweite. „Du gehörst mit zur Stammbesatzung. Es wird schon klappen.“

UNFALL IM KOFFERDAMM

Der Kofferdamm der „Gerlinde“ trennte den Maschinenraum vom hinteren Eisraum. Der Zugang erfolgte über eine verschließbare kleine Einstiegsluke auf der Backbordseite vor dem Eingang zum Hauptbetriebsgang des Schiffes. Der Abstand der trennenden Querschotten hatte die Schulterbreite eines Decksmannes. Die Tiefe reichte vom Fangdeck bis zum Doppelboden. Hier verliefen die Lenzleitungen zu den vier Eisräumen des Schiffes. Über eine fest angebrachte Eisenleiter war der Raum begehbar.

Auf der Heimreise kontrollierte der Chief den Kofferdamm auf Betriebs- und Arbeitssicherheit. Dabei stellte er fest, dass die Schotten des Damms und die Rohrleitungen seit Jahren nicht mehr entrostet und konserviert worden waren. Er schrieb einen Arbeitsauftrag für die Werkstatt im Fischereihafen.

„Der Kofferdamm ist in der Zeit des Hafendurchlaufes zu entrosten, mit einer Rostschutzfarbe zu streichen und mit Vorstreich-, Deck- und Lackfarbe zu spritzen“, lautete der schriftliche Arbeitsauftrag an den Werkstattleiter.

Nach dem Löschen des Frischfisches, begann die Werkstattleitung mit der Abarbeitung der Reparatur- und Wartungsaufträge.

Am frühen Morgen meldete sich Siegfried Schramm, verantwortlicher Meister für Entrostungs- und Malerarbeiten, beim Wachleiter des Trawlers, der ihn mit den Örtlichkeiten des Kofferdamms vertraut machte und den Arbeitsauftrag erörterte.

Siegfried Schramm, Peter Düwel, Frank Lose und Martin Zoch wurden vom Werkstattleiter beauftragt, den Kofferdamm zu entrosten und mit Farbanstrichen zu versehen. Die Werker erhielten für ihre Tätigkeiten, zum Grund- und Prämienlohn, Erschwerniszuschläge. Gezahlt wurde weiter eine Schmutzzulage für den anfallenden Roststaub.

*

Meister Schramm bestieg über die Eisenleiter den Kofferdamm. Er leuchtete diesen mit einer Kabellampe aus und verschaffte sich einen Überblick über die örtlichen Gegebenheiten. Zur Verhütung von Arbeitsunfällen traf Schramm Sicherheitsmaßnahmen. Er beauftragte Peter Düwel zwei weitere Kabellampen im Raum zu befestigen, um die Sichtverhältnisse zu verbessern. Im Kofferdamm gab es keine feste Beleuchtung.

„Der Raum war über einen längeren Zeitraum verschlossen gewesen. Es besteht die Gefahr des Sauerstoffmangels. Das Rosten der Schotten hat bestimmt dazu beigetragen", sagte Schramm zu den Männern, nachdem er den Kofferdamm verlassen hatte.

Er verschloss den Raum und meldete die bestehende Gefahr dem Wachleiter der „Gerlinde". Dieser veranlasste die Messung der Sauerstoffkonzentration im Kofferdamm. Die Maler holten während dieser Zeit die Entrostungsgeräte und die für die Konservierung notwendige Farben aus dem Lager.

*

Die Messergebnisse bestätigten die Annahme des Meisters. Im Kofferdamm herrschte Sauerstoffmangel, der bei einem längeren Aufenthalt zum Erstickungstod hätte führen können. Durch einen Kompressor wurde über flexible Schläuche Frischluft in den Kofferdamm geblasen. Am nächsten Tag erfolgte eine weitere Messung. Der Sauerstoffanteil in der Luft entsprach jetzt nach der Zuführung von Frischluft der vorgegebenen Norm. Der Wachleiter erteilte die Erlaubnis für die Durchführung von Entrostungsarbeiten.

*

Schramm verteilte an seine Kollegen Rostschutzbrillen und Staubschutzmasken. Jeder trug einen Helm, Arbeitshandschuhe und festes Schuhwerk.

„Die Verständigung untereinander erfolgt über Zuruf. Nach vier Stunden werde ich eine weitere Messung veranlassen. Der Kofferdamm wird während der Entrostungsarbeiten ständig belüftet. Ich werde die Ausführung der Entrostungsarbeiten beaufsichtigen“, sagte Schramm zu den Kollegen.

„Für den Notfall sind am Einstieg ein Pressluftatmungsgerät, ein Sicherheitsgurt und eine Sicherheitsleine bereit gelegt“, informierte der Wachleiter die mit den Entrostungsarbeiten beschäftigten Männer.

*

Düwel, Lose und Zosse bestiegen nacheinander über die nach unten führende Eisenleiter den Kofferdamm.

Meister Schramm reichte die Entrostungsgeräte und Stromkabel, an einem Seil befestigt, in den schmalen und tiefen Raum. Die Männer begannen beidseitig die Schotten über dem Doppelboden mit den rotierenden Bürsten zu bearbeiten. Sie drückten die Bürsten gegen die Stahlflächen – so wurde Abschnitt für Abschnitt der anhaftende Rost entfernt. Die Sichtverhältnisse verschlechterten sich durch den herumwirbelnden Roststaub. Staub und Schweiß bedeckten nach kurzer Zeit den Nacken und das Gesicht der Arbeitenden. Die beengten Arbeitsverhältnisse, die eingeklemmten Schultern zwischen den Querschotten, der schmale Damm, die durchlaufenden Rohrleitungen, die Staubmaske und der Lärm erschwerten die Arbeit. Erich Lose bekam „Bunkerangst" und trug sich mit dem Gedanken, den Arbeitsbereich zu verlassen. Nach zwei Stunden ließ Schramm die Entrostungsarbeiten einstellen. Der Sauerstoffstoffgehalt der Arbeitsluft wurde erneut gemessen. Die Messwerte entsprachen den Normwerten. Nach einer kurzen Unterbrechung wurden die Arbeiten unter den erschwerten Bedingungen wieder fortgesetzt.

*

Peter Düwel bestieg als Erster, nach der Mittagspause, über die Eisenleiter den Kofferdamm. In halber Höhe rutschte er von der Sprosse ab und fiel drei Meter tief bis auf den Doppelboden.

„Mein Fuß ist gebrochen! Helft mir! Ich kann nicht mehr aufstehen. Ich bin eingeklemmt. Meine Hand ist verstaucht und ich blute!", schrie Düwel panikartig nach oben in Richtung Einstiegsluke.

Die Staubmaske und Rostschutzbrille hatte er sich vom Gesicht gerissen.

„Bleib ruhig! Ich komme!", rief Schramm nach unten. Unverzüglich bestieg er die Eisenleiter und erreichte in kurzer Zeit den verletzten Düwel. Dieser lag, das Gesicht schmerzverzerrt und gekrümmt, am Boden.

„Ich habe fürchterliche Schmerzen im Fuß", sagte Düwel und zeigte mit der unverletzten Hand auf sein rechtes Fußgelenk.

Meister Schramm erkannte sofort die schlimme Situation.

„Werft mir einen Sicherheitsgurt mit Leine zu!", forderte Schramm von Zosse, der an der Einstiegsluke stand und nach unten schaute.

Beides wurde durch Zosse nach unten in den Raum gereicht.

Lose hatte den Eintritt des Unfalls dem Wachleiter gemeldet. Dieser telefonierte sofort nach dem Unfallarzt des Fischereihafens.

Der herbeigeeilte Arzt bestieg den Kofferdamm. Er untersuchte Düwel und entschied sich für das Anlegen einer Fußschiene und eines Handverbandes.

„Sie können jetzt den Sicherheitsgurt anlegen und den Verletzten nach oben ziehen lassen", sagte der Arzt zu Schramm, nachdem er Schiene und Verband angelegt hatte.

Schramm legte den Sicherheitsgurt vorsichtig an.

Düwel hatte beim Drehen des Körpers große Schmerzen. im Fuß.

„Es tut weh!“, schrie Düwel.

„Werft mir zwei Sorgleinen nach unten!“, rief Schramm zu den Männern an der Einstiegsluke.

Schramm befestigte die Leinen am Sicherheitsgurt.

„Zieht Peter ganz langsam nach oben!“, rief Schramm.

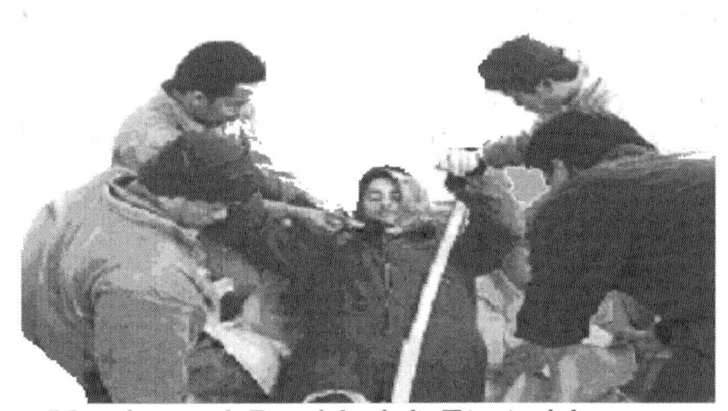

Vorsichtig wurde Düwel durch die Einstiegsluke gezogen

Lose und Zosse zogen Düwel mit Unterstützung der Wachleute über eine feste Rolle, angebracht auf der Unterseite des Wetterschutzdaches, Hand über Hand nach oben. Der Arzt und Schramm verhinderten, durch das beidseitige Halten der Sorgleinen, das Hin- und Herpendeln des Verletzten. Vorsichtig wurde er durch die Einstiegsluke gezogen.

„Langsam, langsam, meine Hand schmerzt!“, schrie Düwel.

Vorsichtig wurde er auf der schnell herbeigeholten Krankentrage abgelegt, gesichert und auf dieser zum Unfallwagen getragen.

Meister Schramm hatte mit dem Arzt über die Eisenleiter den Kofferdamm verlassen. Er begleitete Düwel zur

Unfallnotaufnahme. Die behandelnden Ärzte diagnostizierten einen Bruch des Mittelfußknochens, eine Verstauchung der linken Hand, den Bruch des Daumens, den Bruch des Nasenbeins, Abschürfungen und Schwellungen auf beiden Gesichtshälften sowie eine Gehirnerschütterung.

„Sie müssen einige Tage bei uns bleiben“, sagte der behandelnde Arzt freundlich zu Düwel. „Von der Arbeit sind Sie für die kommenden Wochen befreit“, fuhr er fort und überreichte ihm den Überweisungsschein für das Krankenhaus.

„Verständige meine Frau und bitte sie, mir Hygieneartikel und Unterwäsche ins Krankenhaus zu bringen“, bat Düwel den Meister, bevor dieser die Notaufnahme verließ.

*

Die Entrostungsarbeiten im Kofferdamm der „Gerlinde“ wurden fortgesetzt.

„Beim Besteigen des Kofferdamms ist ein Sicherheitsgurt zu tragen. Jeder ist mit einer Leine solange zu sichern, bis der Schiffsboden erreicht ist“, war die Weisung des Meisters, zur Vermeidung gleicher oder ähnlicher Unfälle.

Nach zwei Tagen waren die Schotten, der Doppelboden und die Decke des Raumes entrostet. Am Schluss wurde der auf dem Boden liegende Rost zusammengefegt und mit Eimern entsorgt. Lose und Zosse begannen mit dem Auftragen der Rostschutzfarbe. Der Raum wurde weiter belüftet.

An den folgenden Tagen wurde die Grund-, Vorstreich- und Lackfarbe gespritzt.

Kofferdamm entrostet und gestrichen

Die Wartungs- und Reparaturarbeiten wurden am Sonnabend abgeschlossen.

Die „Gerlinde“ verließ zum Wochenbeginn, wie vorgesehen, den Fischereihafen. Die Fahrt ging zu den Fischereigebieten vor Island.

WASCHTAG AN BORD

Die „Marie Luise" war auf der Heimreise von den Fanggebieten Westspitzbergens. Alle Eisräume waren gefüllt mit großem Kabeljau und Rotbarsch. Drei Weiße Heilbutt und vier große Rochen waren im vordersten Raum in einer Hocke vereist und für den Löschgang im Stauplan gesondert ausgewiesen.

Sechs Decksleute arbeiteten im Brückenwachdienst und der Rest im Tagesdienst an Deck. Sie reparierten die noch vorhandenen Löcher und Risse am Netz. Leinen zum Verstärken der Netze wurden eingenäht, Netzstander wurden neu gespleißt und ausgewechselt. Schäkel und Wirbel wurden gefettet und eingelagert. Zu tun gab es genug. Schon jetzt wurden die Vorbereitungen für die kommende Fangreise getroffen. Nach den Tagesarbeiten oder nach dem Wachdienst reinigte jeder Decksmann seine im Fangprozess verschmutzte persönliche Arbeitsschutz- und Arbeitsbekleidung. Ölhemden, Seestiefel und Südwester wurden mit Seewasser gereinigt und zum Trocknen aufgehängt. Gewaschen werden mussten die Arbeitsbekleidung und die Unterwäsche. Häufig wurde die verschmutzte Bekleidung in der Freizeit mit nach Hause genommen oder geschickt und durch die Mutter oder Ehefrau gewaschen.

Die Bettwäsche wurde nach jeder Reise in einer Annahmestelle im Fischereihafen getauscht. Im Wechsel erhielt man die gewaschene Bettwäsche der vorhergehenden Reise zurück. Die Matratzen, Kopfkissen und Zudecken wurden in größeren Zeitabständen getauscht und gereinigt. Die Kosten übernahm die Reederei. Diese beabsichtigte für den achteren Wasch- und Duschraum des Schiffes eine Waschmaschine und einen Wäschetrockner zu kaufen und aufzustellen.

„Wann bekommen wir die versprochene Waschmaschine und den Trockner?“, fragte Hans Solltau den Ersten Steuermann im Beisein des Inspektors bei einer Hygienekontrolle im Vorschiff.

„Im Oktober. In der Werftzeit“, antwortete der Erste zuversichtlich.

Hans Solltau, der Netzmacher, hatte keine Angehörigen in Ostdeutschland. Ein Jahr lang hatte er seine schmutzige Wäsche zur Mutter nach Westdeutschland geschickt. Auf dem Paket stand immer der Vermerk ‚Geschenksendung – keine Handelsware‘. Da Gewicht und Größe des Paketes beachtlich waren, glaubte der Postangestellte dem Vermerk nicht. Er fragte nach dem Inhalt. Hans antwortete: „Schmutzige Wäsche!“ Der Postangestellte nahm das Paket ungläubig an.

Seine Mutter schickte die gewaschene und gebügelte Wäsche wieder zurück. „Gewaschen und gebügelt“, war ihr Vermerk auf dem Paket.

Keine Wäscherei war bereit, die mit Fischgeruch behaftete Kleidung zu waschen. Auch Reinigungen nahmen diese Bekleidung nicht an. Hans entschied sich, die Wäsche an Bord während der Heimreise zu waschen. Zunehmend wuschen die Decksleute ihre Wäsche an Bord selbst. Hans weichte, die Arbeitsbekleidung und Unterwäsche getrennt, mit Seifenpulver in einer Pütz warmes Wasser ein. Vorher hatte er an einer Leine Augen geknotet, an welchen er die Kleidung mittels eines Schotsteges befestigte. Die so vorbereitete ‚Waschleine‘

befestigte er mit einem Ende achtern an der Reling mittschiffs und warf das freie, mit Wäsche bestückte Ende, außenbords. Vorher hatte sich Hans für den Waschgang die Erlaubnis des wachhabenden Steuermanns eingeholt. Die Fahrtströme des Schiffes erfassten die Waschleine und zogen diese mit. Im Strudel des Schraubenstromes törnte die Waschleine und spülte den noch vorhanden Schmutz und Geruch aus der befestigten Wäsche.

Waschleine

Nach einer Stunde Fahrtzeit holte Hans die Leine an Deck, entknotete die Wäsche, spülte diese mit Süßwasser in der Pütz und wrang sie mit der Hand aus. Danach knotete er die Wäsche zum Trocknen an eine Leine, die er achtern auf dem Bootsdeck gespannt hatte. Klammern eigneten sich nicht zum Befestigen der gewaschenen Bekleidung. Nach kurzer Zeit lockerten sich diese, die Wäsche fiel ab und wurde durch den Wind ins Meer gerissen.

Heute war der Wind mäßig und trocknete die Wäsche schnell. Es war ein guter Tag. Es gab aber auch Tage, an denen das Wetter nicht so mitspielte. Seitlicher hoher Seegang, Schneefall und stürmischer Wind verhinderten das Waschen mit der Waschleine und das Trocknen an Deck. Handarbeit war angesagt. Getrocknet wurde die Wäsche dann an freien Plätzen im Inneren des Schiffes. Besonders eignete sich der Raum neben dem Schornstein. Auch in der Netzlast trocknete Hans seine Wäsche. Es dauerte länger. Verboten war das Trocknen auf den Heizkörpern in der Kammer, wegen der Brandgefahr.

Peter Braun, einer der Decksleute, hatte Pech. Einige Knoten an den Wäschestücken hatten sich gelöst. Die Wäsche war verloren gegangen und befand sich auf dem Weg zum Meeresgrund. Die Wäsche von Fritz Diesel wurde durch den starken Schornsteinrauch geschwärzt, verursacht durch die wechselnden Windrichtungen.

Nachdem die Wäsche getrocknet war und keine Mängel, wie aufgegangene Nähte oder fehlende Knöpfe aufwies, legte Hans sie zu Päckchen und verstaute diese im Seesack oder in der Backskiste. Andernfalls wurde die Wäsche mit Zwirn und Garn ausgebessert. Zerschlissene Wäsche kam zu den Putzlappen und fand im Maschinenraum Verwendung. Es gab aber auch Decksleute, die sich für jede kommende Reise neue Bekleidung kauften und Verschmutzte auf der Heimreise im Meer entsorgten.

In der Werftzeit erhielt die „Marie Luise“, wie durch den Steuermann kundgetan, eine Waschmaschine und einen Wäschetrockner. Die Zeit der ‚Waschleine‘ war vorbei. Jedermann brachte sich von Land die notwendigen Waschmittel und Weichspüler mit. Die gewaschene und getrocknete Wäsche wurde danach, wie vorher, sorgfältig zusammengelegt und im Seesack oder in den Backskisten verstaut.

Der Geruch der gewaschenen Wäsche verdrängte die sonst vorhandenen Fisch- und Schweißgerüche, den Geruch des anhaftenden Fischmehls und Fischöls, die Öldünste aus dem Maschinenraum, den Geruch nach Teer, Farbe und Zigarettenrauch.

ALLTAG IN DER VERBLEIBENDEN ZEIT

Die ‚Brunhilde' war auf der Ausreise. Es war ein schöner Sommertag und das Meer war spiegelglatt. Das Schiff befand sich in der nördlichen Nordsee. Das Ziel der Reise war das USA-Schelfgebiet im Nordwestatlantik. Hier sollten durch Zubringertrawler gefangene Heringe in Übergabesteerten übernommen, genoppt, in Fässern gesalzen und an ein Transportschiff übergeben werden. Die Anreise zum Fangplatz dauerte ungefähr zehn Tage und war abhängig von der Richtung und Stärke des Windes und Seeganges. Kapitän Barkow befand sich im Brückenraum. Er hatte Wachdienst. Die Decksleute waren im Tagesdienst mit Vorbereitungsarbeiten für die Heringsbearbeitung oder im Brückenwachdienst tätig.

Fässer werden für die Heringsbearbeitung vorbereitet

*

Nach getaner Tagesarbeit, in der noch verbleibenden freien Zeit, betätigten sich die Decksleute, während der Anreise zum Fanggebiet, beim Wechseln des Fangplatzes und auf der Heimreise individuell, aber oft auch gemeinsam mit allen möglichen persönlich interessierenden Dingen, die ihnen Spaß und Freude machten. In der Fangzeit waren diese Tätigkeiten in der Regel nicht mehr möglich. Im Mittelpunkt standen die Übernahme und Bearbeitung des Herings sowie die Übergabe der vollen Heringsfässer an das Transportschiff. Die Decksleute nutzten jede Gelegenheit zum Schlafen und Schlaf nachzuholen.

*

Jetzt, in der freien Zeit, auf der Anreise zum Fangplatz, betätigte man sich auf vielfältige Weise.

Einige lasen Bücher, informierten sich in Zeitschriften zu kulturellen und sportlichen Ereignissen im In- und Ausland, lasen die Reedereizeitung, den ‚Hochseefischer', hörten Musik in englischer Sprache vom Tonband oder aus dem Radio. Nach dem Abendessen sahen die Männer Kinofilme. Die Filmrollen waren während des Hafendurchlaufes ausgeliehen worden. Auf der Anreise oder auch beim Fangplatzwechsel wurden sie mit einem transportablen Vorführgerät in der Messe abgespielt. Der Zeitpunkt und der Titel der Filme wurden durch den Zweiten Steuermann am Mitteilungsbrett im achteren Betriebsgang bekannt gegeben. Das Vorführgerät bedienten hierzu befähigte Decksmänner oder Maschinenassistenten. Häufig wurden die Filmrollen auf dem Fangplatz oder beim Fangplatzwechsel mit den Filmrollen anderer *Trawler* der Reederei getauscht.

„Welcher Film wird heute Abend in der Messe gezeigt?“, informierte sich der Kapitän beim Rudergänger während des Wachdienstes.

„Die Heiden von Kummerow“, antwortet Sven, der am Ruderstand den angegebenen Kreiselkompasskurs steuerte und sich schon jetzt auf den Film freute. Er hatte den Film schon einmal zu Hause im Hansa-Kino gesehen.

In der Regel waren die Filmveranstaltungen in der Messe gut besucht. Für die meisten Besatzungsmitglieder war es eine gewünschte Abwechslung im arbeitsreichen Bordleben. Das Vorführgerät und die Lautsprecher waren fest gehaltert, die aufrollbare Leinwand hing am Haken an der Decke der Messe. Die Männer saßen auf den Bänken oder im Schneidersitz auf dem Fußboden. Sie kamen, um den Film zu sehen, egal ob der Trawler stampfte oder krängte. Einige sahen sich die Filme mehrmals an, insbesondere die, die ihnen besonders gut gefallen hatten. Die Stärke des Seeganges und die Höhe der Wellen, die das Achterschiff bei der Fahrt mehrere Meter anhoben und wieder senkten, änderten nichts am Willen der Decksleute, sich einen Film bis zum Schluss anzusehen.

*

Eine beliebte Beschäftigung war auch das Knüpfen von Wandteppichen. Knüpfmaterial und Grundstoffe hatten sich die Decksleute in verschiedenen Farben im Materiallager des Fischereihafens besorgt. Sie knüpften Teppiche mit unterschiedlichen Motiven auf Bestellung, für die Eltern, Verwandte, Freunde und Bekannte. Häufig waren Teppiche mit einem maritimen Motiv ein besonderes beliebtes Geschenk. Sven Gräser knüpfte nach dem Wachdienst einen großen Wandteppich mit dem Bildnis eines riesigen Kabeljaus. Leider fehlte ihm noch grünes Knüpfgarn.

„Der Teppich soll ein Geschenk für meine Eltern sein, die in diesem Jahr ‚Silberne Hochzeit' feiern", sagte Sven zu Tim Rote, mit dem er sich den Brückenwachdienst teilte.

„Der Koch hat noch Restbestände", sagte Tim zu Sven.

„Vielleicht hilft er mir mit Knüpfgarn aus?", dachte Sven.

Er hatte Glück. Der Koch half ihm und gab ihm die notwendige Menge und gewünschte Farbe des benötigten Garns. So konnte er seinen Teppich weiter knüpfen.

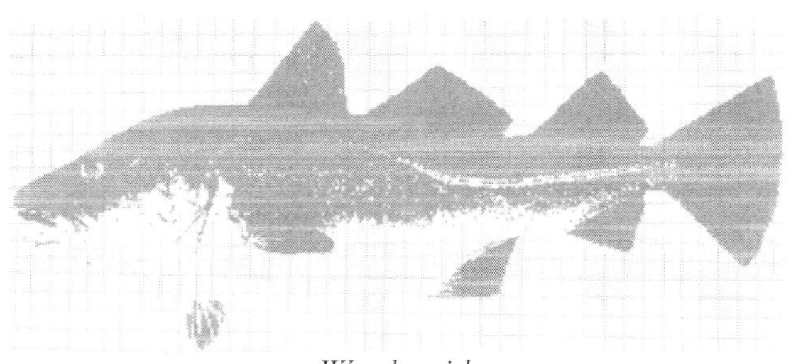

Wandteppich

*

Schach und Skat wurden auch gerne gespielt. Am zweiten Tag der Ausreise wurde nach dem Abendessen ein Preisskat veranstaltet. Alle Besatzungsmitglieder, bis auf die Männer im Brücken- und Maschinenwachdienst, auch die Auszubildenden, durften daran teilnehmen. Die Vorbereitung und Organisation der Durchführung erfolgte durch Hans Leber, den Bestmann. Er war ein gebürtiger Altenburger und mit den Skatregeln aufgewachsen. Die Preise waren oft Transit- und Handelswaren, die an Bord mitgeführt wurden. Preise, wie Bier, Schnaps und Wein bedurften der Zustimmung des Kapitäns. Glück und Können entschieden über die ausgelobten Preise. Fritz Dautert, der Netzmacher, gewann den ersten Preis, einen Kasten Radeberger Bier und eine große Tafel Schokolade.

Der Kapitän hatte sich nicht am Preisskat beteiligt. Fehler beim Spielen hätten ihm die Decksleute nicht verziehen, das wusste er. Er spielte aber sehr gerne eine Partie Schach. Keiner wollte aber mit ihm spielen, weil er nach jedem Zug sehr lange überlegte.

„Nach der Wache spielen wir noch einmal eine Partie Schach“, sagte Kapitän Barkow zu Sven in bestimmenden Tonfall.

Sven stimmte dem Kapitän missmutig zu. Das Spiel dauerte und dauerte. Sven war müde und nicht mehr in der Lage, sich mit zunehmender Spieldauer zu konzentrieren und verlor die Partie.

Schach matt

„Auf der Heimreise werde ich eine Schachmeisterschaft organisieren", sagte der Kapitän zu Sven.

„Da mangelt es bestimmt an Teilnehmern", meinte der.

„Die Anzahl der Teilnehmer ist immer abhängig von der Anzahl und Art der Preise. Es wird genügend Bewerber geben", versicherte der Kapitän.

„Hoffentlich irrt sich der Kapitän. Ich werde nicht daran teilnehmen", dachte Sven.

Er legte das Schachbrett und die Figuren zurück in den Spielkasten. Dieser wurde hier im kleinen Schrank in der Messe, für alle nutzbar, aufbewahrt.

*

Musizieren war auch eine von den möglichen Freizeitbetätigungen. Musikalische Talente waren bei Bordfestlichkeiten immer gefragt. Der Decksmann Bodo Rohr spielte Gitarre, der Netzmacher Olaf Stoch Schifferklavier. Sie erfreuten auf Wunsch mit Klang und Gesang.

„Hans hat morgen Geburtstag. Ich möchte ein Ständchen singen. Würdest du mich mit deiner Gitarre begleiten? Es dauert nur fünf Minuten“, bat der Bestmann Bodo Rohr nach dem Frühstück.

Happy birthday

„Einverstanden. Was ist mein Honorar?“, fragte Bodo Rohr freundlich.

„Zwei Flaschen Bier“, versprach der Bestmann.

„Einverstanden! Das Bier bekomme ich aber vor dem Ständchen. Sonst gibt es keine Musik. Ich möchte mit Hans anstoßen“, betonte Rohr.

„Von Hans bekommst du als Gratulierender auf jeden Fall eine Flasche Bier. Der Koch bringt den Geburtstagskuchen. Vergiss nicht, ich hole dich ab. Wir treffen uns alle vor seiner Kammertür“, betonte der Bestmann.

*

Die Decksleute Timo Sornow und Walter Spieß bereiteten sich auf den Besuch der Seefahrtsschule vor. Sie übten Mathematikaufgaben, maritime englische Vokabeln und Texte. Dabei wurden sie vom Zweiten Steuermann, Fred Sohr, unterstützt und angeleitet. Er war für beide ein ‚guter Lehrer‘.

„Wiederholung ist die Mutter der Weisheit“, sagte er und begann mit dem Abfragen englischer maritimer Vokabeln.

Er lobte und tadelte – beides wirkte motivierend. Der Wissenszuwachs war feststellbar. Die durch den Zweiten gestellten Aufgaben wurden durch beide eifrig und richtig gelöst.

„Hoffentlich seid ihr auch während des Besuches der Seefahrtschule so strebsam“, sagte der Zweite und gab ihnen die Kontrollarbeit zurück.

„Sind wir“, antwortete Walter im überzeugenden Tonfall.

Timo nickte zustimmend.

*

Auf der ‚Brunhilde‘ gab es auch Hobbyfotografen. Roland Plott und Eric Schäfer, beide Maschinenassistenten. Sie fotografierten Motive aus dem Bordalltag. Die Negative wurden während der Hafenliegezeit in einem Fotogeschäft entwickelt und kopiert. Bildbestellungen der Decksleute wurden auf Wunsch mit in Auftrag gegeben. Beide fertigten Kollagen, die das alltägliche Leben und die Arbeit an Bord veranschaulichten. Die Kollagen fanden auch die Anerkennung des Kapitäns. Auf der letzten Bordversammlung wurden sie meistbietend versteigert.

„Eric, ich werde während der nächsten Hafenliegezeit heiraten. Würdest du die Hochzeitsfotos für uns machen?“, fragte Lukas, der Elektriker.

„Soll ich schon am Polterabend dabei sein?“, fragte Eric.

„Nein, erst am Tag der Vermählung, im Standesamt, in der Kirche und bei der Feier zu Hause“, antwortete Lukas.

„Wann ist der genaue Termin?“, fragte Eric.

„Den genauen Termin kann ich dir noch nicht sagen. Vielleicht überlege ich es mir auch noch und heirate nicht. Du erfährst es noch rechtzeitig“, antwortete Lukas und gab ihm sein geliehenes Buch zurück.

„Warum heiratest du überhaupt?“, fragte Eric weiter.

„Meine Verlobte ist schwanger. In zwei Monaten wird das Kind geboren. Deshalb wollen wir vorher heiraten“, sagte Lukas.

Die Neugierde war gestillt. Am folgenden Tag wussten es alle, auch der Kapitän.

*

Tomas Ramzow, ein schlanker großer Decksmann, wurde durch den Ersten Steuermann mit der Ausgabe der geliehenen Bücher und dem Büchertausch während der Hafenliegezeit beauftragt. Er tat es sehr gerne. Sein Spitznamen war ‚Bibliothekar'. Die Bücher bewahrte er in einer verschließbaren Kiste in seiner Kammer auf. Ramzow führte einen Ausgabe- und Rückgabenachweis. Gern gelesene Bücher waren historische- und Abenteuerromane.

„Hast du ein Buch von Jack London", fragte der Kochsmaat. Jack London war sein Lieblingsschriftsteller.

„Habe ich", sagte Ramzow.

„Welchen Titel", fragte der Kochsmaat.

„Der Titel lautet: ‚König Alkohol'. Passt zu dir", antwortete der Bibliothekar.

„Beim Lesen musst du Schnaps trinken, sonst verstehst du den Inhalt des Buches nicht. Sobald du das Buch dreimal gelesen hast, bist du alkoholkrank", sagte Ramzow im spaßhaften Ton.

„Gib mir das Buch! Ich werde Schnaps trinken. Der Kapitän hat mir eine Flasche Korn genehmigt", antwortete der Kochsmaat.

Ohne einen weiteren Kommentar abzuwarten, nahm er das Buch, ging in seine Kammer und legte es in die Netzablage seiner Koje. Nachdem die Arbeit in der Kombüse und Messe beendet war, begann er mit dem Lesen des Buches. Der Kombüsenalltag war schnell vergessen. Er las und las, bis er wieder zum Dienst geweckt wurde. Übermüdet begann er mit der Vorbereitung des Frühstücks für die Männer des Maschinen- und Brückenwachdienstes.

*

Dieter Solltau fertigte maritime Souvenirs. Unter der Anleitung des Decksmannes Robert Zuck, eines gelernten Modeltischlers, schnitzte er die Figur eines Schiffskochs, die der Kapitän bei ihm in Auftrag gegeben hatte. Barkow beabsichtigte die Figur dem Koch, Otto Pelle, zu seinem fünfzigsten Geburtstag, in zwei Monaten, zu schenken. Pelle fuhr schon zehn Jahre auf der ‚Brunhilde' als Koch. Die Besatzung war mit seinen Kochkünsten zufrieden. Er wurde wiederholt gelobt – gemeckert wurde selten. Kuchen backen war sein Steckenpferd. Brötchen und Kuchen gab es am Seemannssonntag, an Sonn- und Feiertagen und an Geburtstagen. Am Tage des Einlaufens schenkte er seiner Frau jedes Mal einen runden Mohnkuchen.

„Warum muss es ein Mohnkuchen sein? Es gibt doch schönere Kuchen, zum Beispiel eine Obsttorte", fragte der Kochsmaat.

Der Koch antwortete nicht.

„Ich weiß es", sagte der Elektriker, der den beschädigten Schalter am elektrischen Backofen auswechselte.

„Otto Pelle hat seine Frau im Mohnfeld kennengelernt. Der Mohnkuchen soll sie immer wieder an ihr erstes Zusammensein erinnern."

*

Die Brüder Dirk und Lothar Segert präparierten Krustentiere, die sie zu Hause bei den Verwandten und im Heimatkrug verschenkten. Die Innereien der Seespinnen, Seesterne und Taschenkrebse wurden mit spitzen Messern ausgekratzt, der Körper und die Gliedmaßen verdrahtet. Die Körper wurden in einem Raum neben dem Schornstein getrocknet, danach auf kleinen Brettchen befestigt und mit Nagellack gestrichen. Die Krustentiere behielten dadurch ein natürliches Aussehen und wurden von den Beschenkten dankbar und freudig angenommen. Es war etwas Besonderes, das man nicht kaufen konnte und das nur wenige hatten. In jeder echten Seemannskneipe durfte die Seespinne nicht fehlen.

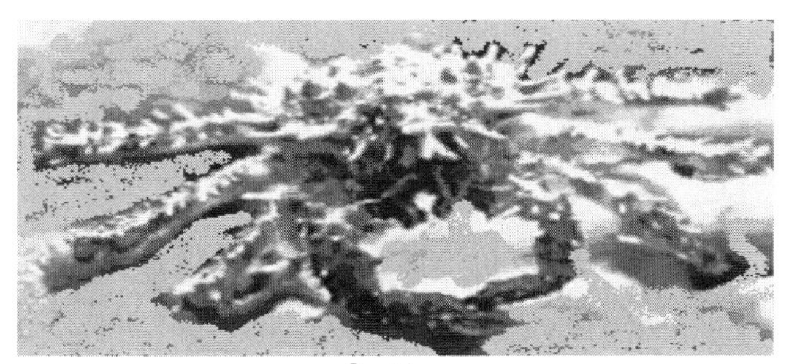

Seespinne

Der Wirt spendierte hierfür Freibier. Schenker und Beschenkter waren zu frieden.

*

Oswald Miller fertigte Flaschenschiffe; Robert Zuck die hierfür erforderlichen Miniaturen von Schiffen, Leuchttürmen und Seezeichen. Mit einer Knetmasse wurden die Meeresoberfläche und das Küstenrelief in der Flasche dargestellt. Durch den Flaschenhals wurden die Miniaturen mit Pinzetten und Stäbchen im Inneren der Flasche platziert. Es war eine zeitaufwendige Tätigkeit, die ein besonderes Fingerspitzengefühl von Miller erforderte.

Auch er verschenkte seine Bastelarbeiten an Bekannte und Freunde. Vorher signierte er den Flaschenboden mit seinem Namen. Ein Flaschenschiff mit dem Namen Monika bastelte er auf dieser Reise für seine Lebensgefährtin in Bansin auf Usedom. Sie hatte sich von ihm beim letzten Zusammensein einen ‚Dreimaster' mit Fock, Rah- und Gaffelsegel in einer großen Flasche gewünscht. Er wollte ihr diesen Wunsch erfüllen.

Flaschenschiff

Nachdem er den Schiffsrumpf mit einer nach hinten, zum Flaschenboden gestreckten Takelage platziert hatte, richtete er diese mit einem am vorderen Mast befestigten dünnen Band auf und verschloss den Flaschenhals mit einem Korken.

*

Die drei Auszubildenden suchten in ihren freien Stunden Kontakte zur großen weiten Welt mit Hilfe der Flaschenpost. Sie schrieben Kartengrüße mit ihren persönlichen Anschriften, steckten sie in leere Flaschen, verschraubten diese und warfen sie ins Meer, in der Hoffnung, dass sie an die Küsten drifteten und dort gefunden wurden. Die Flaschen wurden äußerlich durch die Aufschrift „letter in abottle“ gekennzeichnet. Selten geschah es, dass sie eine Antwort erhielten. Und es waren nicht immer junge hübsche Mädchen, die auf die Post aus der Fremde antworteten.

Die Flaschenpost trieb durch die Meeresströmung und den Wind über weite Seegebiete zu fernen Küsten und wurde durch Spaziergänger oder spielende Kinder am Ufer erst nach Monaten gefunden. Sie freuten sich über den Fund und antworteten manchmal den Absendern.

Flaschenpost

Für die Auszubildenden war die Antwort auf eine Flaschenpost ein freudiges Ereignis. Sie bot Gesprächsstoff für viele Tage.

„Die Hoffnung stirbt zuletzt“, sagte Peter und warf eine weitere große Flasche vom Bootsdeck aus in den

Atlantik. „Möge der Golfstrom sie an die schottische Küste treiben. Vielleicht erhalte ich in den folgenden Monaten eine Antwort“, fuhr er hoffnungsvoll zu Helge gewandt fort. Er hatte diesmal zusätzlich ein persönliches, zusammengerolltes Foto mit in die Flasche hineingelegt.

Helge hatte während seiner Ausbildungszeit, auch auf anderen Schiffen, schon dreizehn Flaschen ins Meer geworfen. Eine Zuschrift hatte er noch nicht erhalten. Bei dieser Ausreise hatte er eine Flasche zehn Seemeilen nördlich von Warnemünde ins Meer geworfen. Er hoffte auf eine baldige Antwort. Es war Sommer, am Strand waren viele Urlauber.

„Die Flasche wird man irgendwo finden“, sagte Helge zum Kochsmaat, der sich zufällig auf dem Bootsdeck aufhielt.

„Franz Böhm, unser Zweiter Maschinist, hatte erst nach zwei Jahren eine Antwort erhalten. Die Absenderin war eine ältere Dame aus Harstadt in Norwegen“, sagte tröstend der Kochsmaat zu Helge.

*

Ab und zu schrieben die Männer Briefe an die Eltern, Ehefrauen und Freundinnen, die heimfahrenden Trawlern mitgegeben wurden.

Anreisende Schiffe, so auch die ‚Brunhilde‘, brachten Post für die auf dem Fangplatz fischenden Trawler mit. Jeder Hochseefischer freute sich über die Nachrichten aus der Heimat. Es wurde über besondere Ereignisse, wie die Geburt eines Kindes, die Hochzeit der Schwester und andere familiäre Begebenheiten berichtet. Der Kontakt zwischen den Männern an Bord und ihren Angehörigen zu Hause wurde mit Briefen und Telegrammen gehalten. Bei Familienfeierlichkeiten wurden Telegramme mit Schmuckblatt, auch Blumen über Fleurop geschickt, über die man sich zu Hause sehr freute.

Blumenstrauß über Fleurop

Leider gab es auch unerfreuliche Nachrichten. Die Frau des Zweiten Maschinisten, Fritz Tessow, hatte die Scheidung von ihrem Mann beantragt. Sie begründete ihren Entschluss mit den zunehmenden längeren Fangreisen des Schiffes und dem Alleinsein über Monate, sowie der zunehmenden Entfremdung. Fritz Tessow wusste schon lange von ihrem Entschluss, den sie jetzt wahr machte. Vor dem Auslaufen des Schiffes hatten sie beide darüber gesprochen. Tessow sprach mit Otto Barre, dem Chief, über sein Problem.

„Fritz, vielleicht ist es besser, wenn du ein Jahr in der Hochseefischerei aussetzt und an Land bleibst“, war der Vorschlag des Chiefs.

„ Ich fahre schon fünfundzwanzig Jahre zur See. Mein Beruf macht mir Freude. Das weißt du. Seemann war ich schon bevor ich geheiratet habe“, begründete Tressow seinen Standpunkt.

„Fritz, die Menschen ändern sich. Die Bedingungen haben sich verändert. Was vor zwanzig Jahren noch gut und teuer war und euer Handeln bestimmte, trifft heute nicht mehr zu“, erklärte der Chief mit fester innerer Überzeugung. „Reisen mit fast hundert Tagen sind verflucht lang. Sobald man sich an das Zuhause gewöhnt hat, geht es schon wieder los“, ergänzte Barre.

„Was soll ich dann an Land machen?“, fragte Tressow nachdenklich.

„Maschinisten werden auf Schleppern, Baggern und Bergungsschiffen gesucht. Hier werden die Besatzungen vierzehntägig gewechselt. Mein Schwager fährt auf einem Bagger. Die Arbeit macht ihm auch Spaß. Soviel Geld wie in der Hochseefischerei verdient er nicht, aber Geld ist auch nicht alles“, sagte Otto Barre.

„Vielleicht hast du recht. Ich werde meiner Frau ein Brieftelegramm schicken und sie bitten, im Personalbüro der Bagger und Bergungsreederei vorzusprechen. Vielleicht ändert sie ihren Entschluss?“, sagte Tessow.

„Wie alt sind deine Kinder?“, fragte Barre mitfühlend.

„Beide Söhne, Zwillinge, sind dreiundzwanzig. Sie fahren auf einem Frachter weltweit und möchten später Nautik studieren“, erzählte Tessow dem Chief.

„In diesem Fall ist deine Frau ja ganz allein", sagte Barre.

„Bei einer Scheidung ist sie auch allein", antwortete Tessow mürrisch.

„Das muss nicht sein. Deine Frau ist gut aussehend. Sie arbeitet als Arzthelferin, sie findet schnell wieder einen neuen Mann", schlussfolgerte der Chief.

„Ich werde weiter darüber nachdenken", sagte Tessow und verließ unzufrieden den Maschinenraum.

*

Die jungen Decksleute bekamen in der Regel nur Briefe von den Eltern.

„Das werden wir ändern", sagte Tilo.

„Wie willst du das denn ändern?", fragte Mike, der vor einem Monat die Prüfung zum ‚Hochseefischer' bestanden hatte.

„Ich gehe zum Funker und gebe ein Brieftelegramm für die ‚Wochenpost' auf", sagte Tilo.

„Was willst du denn mitteilen?", fragte Mike neugierig.

„Hochseefischer, zwanzig Jahre, groß, braun gebrannt, kräftig, sucht Briefpartnerin aus Berlin", sagte Tilo und schrieb das Gesagte auf einen Zettel.

Nach dem Abendessen gab er das Telegramm beim Funker auf.

„Du wirst viele Briefe bekommen. Briefwechsel werden von vielen jungen Mädchen gewünscht. Ich habe meine Frau auch durch die ‚Wochenpost' kennengelernt", sagte der Funker.

„Wie viel Briefe werde ich erhalten“, fragte Tilo erwartungsvoll den Funker.

„Viele. Du suchst dir einen Brief aus. Die anderen Briefe gibst du deinen Freunden im Vorschiff. In zwei Monaten kannst du mit Post rechnen“, meinte der Funker.

Tilo war zufrieden. Er wollte warten und dann alle Briefe beantworten. ‚Auf der Heimreise habe ich genügend Zeit‘, dachte Tilo und ging zufrieden zurück in seine Kammer.

*

Die ‚Brunhilde‘ erreichte, wie geplant, nach mehr oder weniger stürmischer Fahrt über den Atlantik das Fanggebiet. Es wurden mit einem Schlauchboot die telegrafisch im Fischereihafen bestellten Ausrüstungsgegenstände und der Proviant sowie die Post an die auf dem Fangplatz fischenden Trawler übergeben.

Die Decksleute hatten jetzt nur noch wenig Zeit für die Erledigung persönlicher Dinge. Die Übernahme und Bearbeitung des Herings von den Fangschiffen, die Übergabe der mit Hering gefüllten Fässer an die von der Reederei gecharterten Trockenfrachter, bestimmten den Arbeitsrhythmus in den folgenden Tagen, Wochen und Monaten. Die Bearbeitung des Herings, das nobben und salzen, musste schnell geschehen. Beim nobben entfernten die Decksleute mit einem Messer den Kopf, die Kiemen und einen Teil der Eingeweide des Herings. Ein restlicher Teil und die Gonaden verblieben im Fisch. Kapitän Barkow übernahm von den Fangtrawlern nur die Fischmenge, die durch die Decksleute bearbeitet werden konnte, um die Qualität des Salzherings zu gewährleisten.

Jeder Decksmann arbeitete täglich achtzehn Stunden. Die Übernahme des Herings von den Zubringertrawlern, die Bearbeitung des Fisches an Deck, die Einlagerung der gefüllten Fässer im Laderaum und die Fassübergabe an den Frachter wechselten sich ab. Sechs Stunden Schlaf blieben für die persönliche Erholung und Hygiene. Helfer aus dem Maschinenraum unterstützten die Decksleute bei der Bearbeitung des Fanges. Ab und zu halfen auch der Kochsmaat und der Funker. Alle wollten Geld verdienen. Keiner schonte sich.

Bis zur Übergabe der Fässer an den Frachter wurden diese in den Laderäumen des Trawlers verstaut, damit das Deck für die weitere Übernahme und Bearbeitung von Hering frei war. Die Übergabe der Fässer an den Frachter erfolgte im gekoppelten Betrieb mit einer Traverse, an welcher sich Drahtschlingen befanden, die um den Fasshals gelegt wurden und sich beim Anhieven zuzogen. Die Stauung auf dem Frachter wurde durch die Decksleute der ‚Brunhilde' unterstützt.

Die Fassübergabe war Knochenarbeit. Die Fässer wurden in den Laderäumen auf Stauhölzern und an der Übergabestelle auf dem Arbeitsdeck mit den Händen gerollt, aufgerichtet, geschoben, gezogen, gehoben bis sie gestaut auf dem vorgesehen Platz standen. Die Traverse wurde mit den Drahtschlingen über die auf dem Arbeitsdeck des Trawlers gestellte Fässer gefiert. Sechs Decksleute griffen nach den Schlingen und zogen diese über den Hals der vollen Fässer. Der Zweite Steuermann gab das Zeichen zum Anhieven der Fässer. Die Decksleute traten von den angeschlagenen Fässern zurück. Die Traverse mit den befestigten Fässern wurde angehievt und im gekoppelten Betrieb im Laderaum des Frachters abgesetzt. Beim unmittelbaren Anhieven an Deck des Trawlers schaukelten die Fässer durch die Krängung beider Schiffe und mussten durch die Decksleute mit der Hand festgehalten werden, andernfalls würden sie an die Seitenwand des Frachters schlagen und beschädigt werden. Der Drall auf den Drahtschlingen führte manchmal dazu, dass sich die Schlingen vom Fasshals lösten und nur vier und nicht sechs der angeschlagenen Fässer angehievt wurden.

„Vorsicht!“, rief der Zweite laut für alle hörbar.

Seine Warnung kam zu spät. Eine der Schlingen rutschte über den Kopf von Horst Klein, der nicht schnell genug zurückgetreten war und zog sich um seinen Hals zu. Er wurde mit den restlichen Fässer angehievt. Der Zweite stoppte den Hievvorgang durch Rufen und Handzeichen. Er ließ die Traverse einfieren und die Decksleute entfernten die Schlinge von Horsts Hals.

„Gott sei Dank, er hat sich beim Anhieven nicht das Genick gebrochen“, sagte der Zweite, während er seinen Körper ruhig hielt.

Klein stand beduselt an Deck und wusste nicht, was los war. Einer der Decksleute begleitete ihn in den Brückenraum, wo er durch den Wachhabenden weiter beobachtet wurde.

Horst Klein wurde bei der Fassübergabe nicht mehr eingesetzt. Er war ein Mann, der in Gefahrensituationen immer schnell reagierte. Für diese Arbeit war er aber körperlich zu klein. Seine Körpergröße, ein Meter fünfundsechzig, hatte den Unfall begünstigt. Sein Kopf befand sich in Höhe der Schlinge. Durch das Krängen beider Schiffe legte sich die Schlinge um den Hals und wurde zugezogen.

„Klein hat Glück gehabt. Der Unfall hätte tödlich enden können und wir wären die Henker gewesen", sagte einer der Decksleute.

Nach Stunden schwerer Arbeit verließen die Decksleute die Laderäume. Sie hatten Schmerzen an den Unterarmen und in den Handgelenken. Die Fischerei ging weiter. Es wurde wieder frisch gefangener Hering von den Zubringertrawlern im Übergabesteert übernommen und bearbeitet.

*

Nach sechsundsiebzig Tagen verließ die ‚Brunhilde' das Fanggebiet.

„Das war die letzte Übernahme", rief der Kapitän an Deck.

Alle freuten sich, dass es wieder nach Hause ging.

Die Decksleute jubelten und tanzten. Der Rest der Arbeiten ging schneller von der Hand. Die freudige Nachricht setzte schon längst verlorengegangene Kräfte wieder frei. Eine weitere freudige Nachricht folgte.

Die ‚Susanne', ein Seitentrawler, hatte Post aus der Heimat mitgebracht, die noch abgeholt werden musste. Schnell wurde das bereitliegende Schlauchboot ausgesetzt und die Post von der treibenden ‚Susanne' geholt. Für die meisten war es ein besonders freudiger Tag. Es war das erste Mal in diesen Monaten, dass ein Schiff für die ‚Brunhilde' Post aus der Heimat mitbrachte. Der Erste Steuermann verteilte die Briefe und Karten persönlich.

Wie immer gab es gute und weniger gute Nachrichten. Tilo erhielt ein Päckchen von der ‚Wochenpost'. Er öffnete es in seiner Kammer, ohne die Anwesenheit seiner Freunde abzuwarten. Er zählte die Briefe. Elf junge Mädchen hatten geschrieben. Alle wohnten in Berlin. Ein Mädchen kannte er noch aus seiner Schulzeit. Was für ein Zufall, dachte Tilo. Es war die Tochter des Bäckers, bei dem die Mutter immer die Schrippen kaufte.

„Sie werde ich ohne Anmeldung besuchen", dachte Tilo.

Ihren Brief legte er bei Seite. Von diesem brauchten die anderen nichts wissen.

„Ich habe Briefe von der ‚Wochenpost' bekommen", informierte er Mike.

Zeigst du mir die Briefe? Ich bin auch groß, stark und braun gebrannt", spöttelte Mike.

„Kommt heute nach dem Abendessen in meine Kammer. Ich zeige euch die Briefe und ihr entscheidet euch für einen Briefkontakt. Alle anderen Briefe werde ich beantworten", sagte Tilo zu den Interessenten.

„So machen wir es", sagte Mike und ging zum Abendessen in die Messe.

Nach dem Abendessen lasen sie gemeinsam den Inhalt der Zuschriften. Mike und Ole entschieden sich, wie vorher vereinbart, für eine Zuschrift.

„Die anderen Briefe werde ich selbst beantworten", sagte Tilo und steckte den Rest der Briefe in seine Briefmappe. Noch am gleichen Abend begann Tilo die Briefe zu beantworten. Er formulierte einen Brief, der für die Beantwortung aller passte. Acht Briefe musste er vorbereiten. Es waren Standardbriefe – alle hatten den gleichen Text.

„Im Fischereihafen werde ich die Briefe bei der Post abgeben. Marlene, der Tochter des Bäckers, werde ich keinen Brief schreiben, bei ihr werde ich Schrippen kaufen", dachte Tilo und legte sich bis zum Beginn des Brückenwachdienstes auf seine Koje und las mehrmals die erhaltenen Zuschriften.

Er dachte dabei an Marlene. Sie war seine Partnerin auf der Tanzschule gewesen. Damals war sie sechzehn Jahre, klein, dünn und hatte das Gesicht voller Sommersprossen. Inzwischen sind vier Jahre vergangen.

„Jetzt arbeitet sie als Verkäuferin in der Bäckerei ihres Vaters. Sie wird mich wiedererkennen", dachte Tilo und freute sich schon jetzt auf ihr erstauntes Gesicht.

*

Fritz Tessow hatte Post von seiner Frau erhalten. Sie hatte ihm einen sehr langen Brief geschrieben.

„Es bleibt bei meiner Entscheidung. Ich habe die Scheidung beantragt", schrieb sie ihm. „Wir haben uns auseinander gelebt. Unsere Ehe lässt sich nicht mehr kitten. Die Kinder habe ich über meinen Entschluss informiert Gestern bin ich aus unserer Wohnung ausgezogen und wohne jetzt bei meinen Eltern. Die Einzelheiten können wir dann besprechen, wenn du wieder zu Hause bist“, teilte sie ihm mit.

Er hatte mit dieser Entscheidung gerechnet. Sein Entschluss, die Tätigkeit in der Hochseefischerei zu beenden, kam zu spät.

*

Peter hatte eine Antwort auf seine Flaschenpost, die er vor Warnemünde, am Auslauftag, ins Meer geworfen hatte, erhalten. Susi Lehmann, eine Rettungsschwimmerin aus Graal Müritz, hatte ihm geantwortet. Sie hatte die Flasche während des Dienstes am Ufer, verdeckt zwischen angeschwemmten Algen, gefunden, den Brief gelesen und war bereit, mit ihm Kontakt aufzunehmen. Peter schickte ihr ein Brieftelegramm, in welchem er sich für die Mitteilung bedankte und einen Treff während der Hafenliegezeit in Rostock vorschlug.

Die Antwort auf die Flaschenpost hatte sich an Bord herumgesprochen. Sie motivierte andere ähnliches zu tun.

„Die Reederei hat in Graal Müritz, in der Nähe des Strandes, eine Stellfläche für Zelte. Ich besitze ein Zwei-Mann-Zelt. Wir können dort während der freien Tage gemeinsam zelten und du könntest Fräulein Lehmann treffen. Was hältst du von meinem Vorschlag?“, fragte Helge.

„Nichts“, antwortete Peter.

*

Timo Sornow und Walter Spieß hatten den Zulassungsbescheid zum Besuch der Seefahrtsschule für das kommende Jahr erhalten. Voraussetzung waren eine amtliche Bestätigung der bisherigen Seefahrtszeit von mindestens sechsunddreißig Monaten und ein qualifiziertes Arbeitszeugnis der Reederei. Beides lag vor.

„Im September des kommenden Jahres werden wir mit dem Schulbesuch beginnen. Bis dahin können wir noch zwei lange Reisen machen und viel Geld verdienen", sagte Timo zu Walter.

Beide stießen mit Bier auf den Erhalt der Zulassungsbescheide an. Die Freude war groß und motivierte beide, sich weiter zielstrebig vorzubereiten.

*

Die ‚Brunhilde' legte nach einer zehntägigen Heimreise, wie geplant, vormittags im Fischereihafen an. Die Ausklarierung des Schiffes lief ohne Vorkommnisse. Der Zoll verließ nach kurzem Aufenthalt das Schiff. Kapitän Barkow übergab dem Wachleiter die Schiffspapiere, den Decks- und Maschineninspektoren die Reparatur- und Wartungsaufträge, die Proviantbestellung und den Personalbedarf für die kommende Reise, dem Leiter des Löschganges die Staupläne.

In der Messe übergab der Erste Steuermann die Seefahrtsbücher an die Besatzung. Der ‚Geldmann' der Reederei zahlte die Abschläge für die Reise und Abrechnung für die vorangegangene Reise aus. In zeitlichen Abständen verließen die Männer mit ihren Angehörigen, die in den Kammern warteten, das Schiff. Alle wurden abgeholt, auch die Auszubildenden – nur Tressow nicht.

Er blieb an Bord. Am Morgen des folgenden Tages fuhr er zu seiner Frau, um mit ihr die Scheidung zu besprechen. Sie erwartete ihn schon. Beide einigten sich in allen vermögensrechtlichen Fragen und beschlossen, gemeinsam nur einen Scheidungsanwalt zu beauftragen. Bedrückt und traurig fuhr Tressow nach Rostock zurück.

DURCH FISCHMEHL VERBRÜHT

Die ‚Mathilde' war ein Seitentrawler moderner Bauart. In dem Schiff wurde während des Neubaus zusätzlich eine Anlage für die Herstellung von Fischmehl aus Fischabfällen installiert. Diese, wie Köpfe, Gräten, Innereien und Beifang, wurden an Deck bei der Bearbeitung des Fisches durch die Decksleute in Körben gesammelt und über die auf dem Fangdeck befindlichen Einfüllstutzen einem Zerreißwolf zugeführt.

Innereien und Beifang werden in Körben gesammelt

Die zerkleinerte Rohware gelangte danach in einen Kocher. Hier erfolgte der Zellenaufschluss und das Abtöten der Keime, das Abtrennen von Wasser, das Trocknen des zerfaserten Gutes, das Mahlen des Trockengutes, Absacken und Stauen des Fischmehls.

Fischmehlsäcke gestaut

Das Fischmehl wurde für die Schweinemästung und Geflügelhaltung in landwirtschaftlichen Betrieben verwendet und nachgefragt. Die Produktion von Fischmehl und Fischöl sicherte jedem Besatzungsmitglied einen zusätzlichen Verdienst zur Fangprämie.

„Es stinkt nach Geld“, sagte der Bestmann, sobald sich der Geruch vom Brüden im und außerhalb des Schiffes ausbreitete. Der Geruch war auch auf anderen, in der Nähe fischenden Fahrzeugen, wahrnehmbar.

„Was ist das für ein Gestank, den ihr produziert?“, fragte der Wachleiter eines Zubringertrawlers auf der UKW-Arbeitsfrequenz.

„Das ist der Gestank nach Geld“, antwortete zufrieden der Erste Steuermann.

„Geld stinkt nicht!“, war die mürrische kurze Antwort des Wachleiters des Zubringertrawlers.

*

Albert Kruste überwachte den Prozess von der Einschüttung der Fischabfälle in den Einfüllstutzen bis zur Abfüllung des Fischmehls. Er war, wie der Chief, für die Bedienung der Anlage durch den Hersteller ausgebildet worden. In den letzten Wochen wurde viel Fischmehl produziert. Hier, im Norden der Neufundlandbank, hatte die Besatzung große Mengen Kabeljau gefangen.

„Albert, wann können wir wieder Fischabfälle zuführen?“, fragte der Zweite, als der ‚Fischmehler‘ sich an Deck sehen ließ.

„Warte noch zehn Minuten. Ich sag dir Bescheid“, antwortete der ‚Fischmehler‘.

Albert Kruste verließ das Deck und ging in die Fischmehlanlage. Er öffnete mit einem Metallhaken den Verschluss des Trockners. Das heiße Fischmehl lief in die Aufnahmemulde. Da passierte der Unfall. Kruste glitt auf den Flurplatten aus und fiel durch die Krängung und das Stampfen des Schiffes in das heiße Fischmehl. Er verbrühte sich Teile des Gesichtes, des Oberkörpers, der Arme und Hände sowie der Beine. Die Oberkleidung schützte ihn nicht vor den schweren Verbrühungen. Tomas Binder, ein Maschinenassistent, hörte die lauten Hilfeschreie. Er eilte zur Unfallstelle und zog Kruste aus dem Gefahrenbereich. Er meldete den Unfall über das Bordtelefon dem Wachmaschinisten und dem Kapitän im Brückenraum. Dieser veranlasste sofort die Maßnahmen für die Erste Hilfe. Kruste wurde mit der Trage in den Krankenraum gebracht und auf der Schlingerkoje abgelegt. Gegen die fürchterlichen Schmerzen spritzte der Erste Steuermann Dolkontral, ein schnell wirkendes Schmerzmittel. Kapitän Erler forderte mit dem UKW-Sprechfunkgerät vom Fabrikschiff einen Arzt an. Nach dem Einholen des Schleppnetzes wurde der Arzt mit dem Schlauchboot übergesetzt, der die medizinische Behandlung fortsetzte. Doktor Renz, ein erfahrener Betriebsarzt, stellte schwere Hautverletzungen fest. Über dreißig Prozent der Körperoberfläche waren verbrüht. Blasenbildung und Hautzerstörungen waren sichtbar.

„Der Fischmehler muss im Krankenhaus behandelt werden. Es besteht Lebensgefahr", war die Feststellung und der Rat des Arztes.

Kapitän Erler befolgte den Rat des Arztes.

„Der nächste Hafen ist St. Johns auf Neufundland", sagte Erler.

Er steckte den Kurs auf der Seekarte zum Hafen ab. Es galt weit Schlimmeres zu verhindern.

*

Vorsichtig entfernte Doktor Renz die Oberbekleidung, dabei assistierte ihm der Erste Steuermann. Er säuberte die Wunden von Schmutz, insbesondere von Fischmehlresten, und entfernte die frei hängenden Hautreste. Die geschädigte Körperoberfläche deckte er mit sterilem Verbandsmaterial ab und injizierte Jenacillin A, je 2 Millionen IE. Gegen die Schmerzen injizierte er Dolcontral intramuskulär. Zuletzt deckte er den gesamten Körper mit mehreren sauberen Bettlaken ab. Der Arzt beobachtet mit großer Sorge den Verletzten. In Abständen prüfte er den Puls und die Temperatur. Albert Kruste hatte einen Schock.

„Der ‚Fischmehler' muss so schnell wie möglich in das Krankenhaus. Er hat schwere und tiefe Verbrühungen im Gesicht, an den Armen und Beinen", erklärte der Arzt wiederholt dem Kapitän.

„Doktor Renz, ich werde alles tun, damit die Behandlung im Krankenhaus erfolgen kann. Das Wetter spielt aber nicht so mit, wie ich es gerne möchte. Der Sturm nimmt stetig zu. Hinzu kommen die starke Vereisung des Schiffes, Schneefall, Treibpackeisfelder und Eisberge, die das Schiff in seiner Fahrt zum Hafen behindern", antwortete der Kapitän sichtbar bedrückt, verließ den Krankenraum und begab sich in den Brückenraum, um den Zweiten Steuermann beim Wachdienst zu unterstützen.

*

Die Decksleute sicherten das Schleppnetz am Schanzkleid und in den Deckshocken, hievten die Seitenscherbretter zwischen die Galgen und das Schanzkleid, reinigten das Deck und spannten Strecktaue. Der Sturm nahm weiter zu. Die See kam schräg von achtern. Häufig trafen schwere Brecher das Achterschiff.

Schwere See von achtern

Ein Brecher traf das Handrad des Notruders, wobei das Gestänge abgebrochen wurde. Handruder und Gestänge verkeilten sich an der Reling auf der Steuerbordseite. Bei der überkommenden See stürzte das Wasser über die freie Öffnung in den Rudermaschinenraum. Kapitän Erler beauftragte den Zweiten Steuermann das Handruder zu sichern und das Leck abzudichten.

„Das Deck ist stark vereist. Ich kann die Leckstelle nur auf dem Bauch kriechend erreichen. Es wäre gut, wenn Sie für den Zeitraum der Lecksicherung das Schiff gegen die See legen würden“, war der Vorschlag des Zweiten.

„Es muss so gehen“, antwortete der Kapitän.

Der Zweite holte mit Hans Hohm, einem kräftigen und zuverlässigen Decksmann, einen passenden Holzpfropfen, einen schweren Hammer, ein Stück Segeltuch, einen Sicherheitsgurt mit Leine und Netzgarn aus der Last. Beide begaben sich mit Ölzeug bekleidet über den achteren Niedergang auf das Bootsdeck. Hans Hohm sicherte den Zweiten mit Gurt und Leine. Dieser kroch über das vereiste und glatte Bootsdeck zur Leckstelle. Hier drückte und schlug er den Holzpfropfen in die Lecköffnung, umwickelte die Leckstelle mit Segeltuch, das er mit Netzgarn sicher befestigte. Danach band er das an der Reling verkeilte Handrad und Gestänge mit Tauwerk am hinteren Mast fest. Auf dem Weg zum Niedergang wurde der Zweite durch einen quer laufenden Brecher getroffen, sein Körper rutschte über das Deck und wurde, Gott sei Dank, durch Hohm mit der Sicherheitsleine gehalten und zum schützenden Niedergang gezogen.

„Glück gehabt", sagte Hohm zum Zweiten.

„Ohne den angelegten Sicherheitsgurt und die Sicherheitsleine wäre ich durch die Reling ins Meer gerutscht", dachte der Zweite.

Er meldete dem Kapitän Vollzug und übernahm den Brückenwachdienst. Die Vereisung nahm weiter zu. Nach der Wache ging der Zweite in den Krankenraum. Kruste lag wach und ruhig in der Schlingerkoje des Krankenraumes. Sein Gesicht war mit sterilen Kompressen abgedeckt.

„Wie geht es unserem Kranken?", fragte er Doktor Renz. Der Arzt und der Zweite kannten sich. Sie wohnten beide in einem kleine Ort am Saaler Bodden.

„Im Moment ist sein Zustand stabil", antwortete der.

„Lege dich zwei Stunden auf meine Koje. Ich wache solange", sagte der Zweite zum Arzt.

Dieser nahm den Vorschlag dankend an.

*

Um vier Uhr übernahm der Zweite vom Ersten Steuermann die Brückenwache. Der Trawler fuhr im Treibpackeis von Wake zu Wake und näherte sich sehr langsam dem Zielhafen.

„Eine exakte Schiffsortsbestimmung ist nicht möglich. Das Decca-Gerät ermöglicht zum Zeitpunkt keine exakte Ortsbestimmung mehr. Der in der Seekarte eingetragene Ort ist ein gekoppelten Ort“, sagte der Erste und übergab dem Zweiten die Brückenwache.

Während des Wachwechsels erschien der Kapitän im Brückenraum. Er hatte sich vorher noch einmal beim Arzt über den Gesundheitszustand des ‚Fischmehlers‘ erkundigt.

„Das Decca-Gerät funktioniert nicht“, berichtete der im Brückenraum noch anwesende Erste Steuermann dem Kapitän.

„Um Mitternacht funktionierte das Gerät noch“, antwortete der Kapitän.

„Vielleicht liegt es an der Antenne“, meinte der Zweite, verließ den Brückenraum und kletterte auf das Peildeck. Da sah er die Bescherung. Die starke Vereisung hatte zum Bruch des Antennendrahtes geführt. Er fierte die Enden der Antenne ein, verknotete beide, holte den Draht hoch und straff. Die Antenne war wieder empfangsbereit. Im Kartenraum kontrollierte er die Anzeigen des Decca-Gerätes. Es funktionierte.

„Das Gerät funktioniert wieder. Der Antennendraht war gebrochen“, informierte er den noch im Brückenraum anwesenden Kapitän.

Er bestimmte den Schiffsort. Die mit dem Decca-Gerät bestimmte Position war fünfzehn Meilen südlicher als der angenommene Ort. Er bestimmte den neuen rechtweisenden und Kreiselkompasskurs und die Entfernung zum Hafen.

„In vier Stunden sind wir da, wenn Gott will“, sagte der Zweite.

„Gott will“, sagte Kapitän Erler und informierte über Telefon den Arzt, Chief und Funker.

*

Die Fahrt durch das Treibpackeis und die Waken war mit zwischenzeitlichen Fahrtminderungen verbunden. Die Sichtverhältnisse hatten sich verbessert, denn der Schneefall hatte nachgelassen. Beide Radargeräte waren eingeschaltet. Wiederholt wurden treibende Eisberge sichtbar. Kapitän Erler unterstützte den Zweiten beim Navigieren des Schiffes durch das Treibpackeis.

Fahrt durchs Eis

Nach drei Stunden Fahrt war die Hafeneinfahrt von St. Johns auf dem Radarbild sichtbar.

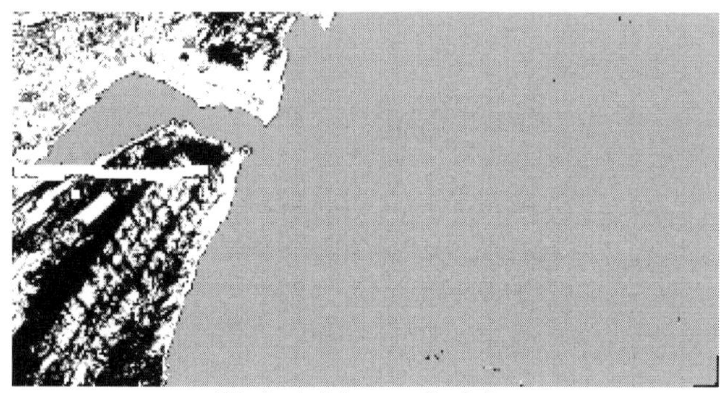

Hafeneinfahrt von St. Johns

Für den Hafen galt Lotsenpflicht. Kapitän Erler meldete der Hafenbehörde die ungefähre Ankunft des Schiffes, bat um einen Lotsen und einen Krankenwagen. Zwei Seemeilen vor der Einfahrt kam das Lotsenboot der ‚Mathilde' entgegen. Die Hafeneinfahrt war eisfrei. Der Lotse stieg über die befestigte Tauleiter und Lotsentreppe an Deck. Der Zweite begleitete ihn zum Brückenraum. Dort begrüßten sich Kapitän und Lotse freundlich.

„Der Krankenwagen wartet schon auf der Pier", informierte der Lotse den Kapitän.

Er füllte die für ihn erforderlichen Formulare aus, lotste das Schiff durch die Einfahrt und navigierte es sicher zum Liegeplatz.

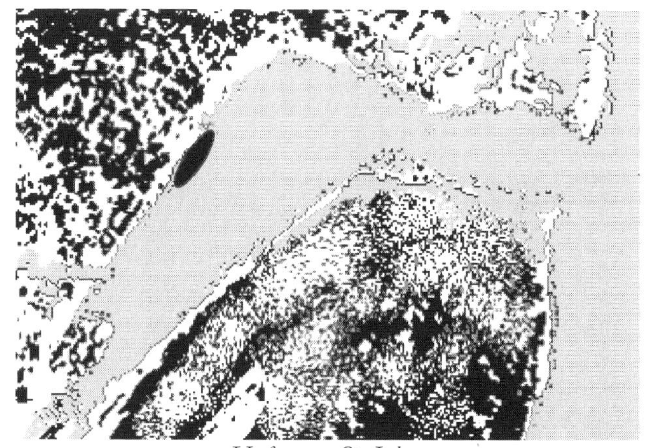

Hafen von St. Johns

Zoll- und Quarantäne-Behörden kamen an Bord, meldeten sich beim Kapitän und überprüften die Einhaltung der kanadischen Bestimmungen an Bord.

*

Doktor Renz hatte alle medizinischen Vorbereitungen für den Krankentransport getroffen. Kruste wurde auf eine abgepolsterte Krankentrage gelegt und mit mehreren Wolldecken zugedeckt. Vier Decksleute trugen die Krankentrage auf die Pier. Kanadische Rettungssanitäter übernahmen den weiteren Transport ins Krankenhaus. Doktor Renz begleitete den ‚Fischmehler' im Krankenwagen und informierte den Arzt des Krankenhauses über die bisherigen therapeutischen Maßnahmen.

'Mathilde' an der Pier von St. Johns

*

Über den Makler der Reederei wurde der hiesigen Werft durch den Kapitän die Reparatur des Notruders in Auftrag gegeben. Die Männer an Bord arbeiteten während der Hafenliegezeit im Tages- und Wachdienst. In der freien Zeit wurde der Gang an Land genutzt, um sich die Stadt und die Auslagen in den Geschäften anzusehen. Da der Kapitän kein Geld für die Besatzung über den Makler aufgenommen hatte, konnten die Seeleute auch keine Geschenke für ‚zu Hause' kaufen.

Der Zweite Steuermann ging auf den vor der ‚Mathilde' liegenden Frachter mit der Absicht, sich den Ladungsumschlag anzusehen.

„Hello! What do you want on board?", fragte der Wachmann.

„Hello, I'm working on the trawler and want to look at the cargo envelope", sagte der Zweite.

„Come with me“, sagte der Wachmann.

„Can you sell me German beer?“, fragte der Wachmann.

„Yes, I can sell you ‚Radeberger‘. A bottle for a Canadian dollar“, erwiderte der Zweite erfreut.

„O.K.“, sagte der Wachmann.

Der Zweite holte seine in der Backskiste aufbewahrten sechs Flaschen Bier und brachte sie dem Wachmann.

In seiner Freiwache ging er in ein großes im Lichterglanz strahlendes Kindergeschäft in der Nähe des Hafens. Dort kaufte er für seine dreijährige Tochter einen ‚Eskimoanzug‘ mit durchgehendem Reißverschluss. Er bekam den Anzug für fünf kanadische Dollar.

*

Die Werftarbeiter hatten das Notruder nach fünf Tagen repariert. Täglich wurde Albert Kruste in dieser Zeit von Mitgliedern der Besatzung besucht.

Langsam begann der Heilungsprozess.

„Wie geht es dir?“, fragte der Chief, der ihn am letzten Tag vor dem Auslaufen des Schiffes, nachmittags, besuchte.

„Den Umständen entsprechend gut. Ich werde durch die behandelnden Ärzte und die Krankenschwestern gut betreut“, antwortet der ‚Fischmehler‘.

„Der behandelnde Arzt rechnet mit einem vierwöchigen Krankenhausaufenthalt. Kopf hoch. Das Leben geht weiter. In vier Wochen bist du wieder bei deiner Familie. Und nächste Reise bist du wieder bei uns“, tröstete der Chief seinen Fischmehler.

„Danke Chief. Grüß die Männer an Bord“, sagte der Fischmehler und trank die vom Chief gereichte Erfrischung.

*

Abends verließ die ‚Mathilde‘ mit Lotsenberatung den Hafen von St. Johns.

Im Nordosten der Neufundlandbank wurden durch die Schiffe der Reederei und die anwesenden ausländischen Fahrzeuge große Mengen Kabeljau gefangen.

An Bord trafen die Decksleute wieder ihre Vorbereitungsarbeiten zum Aussetzen des Fanggeschirrs und für die Bearbeitung des Fanges.

Mathilde verlässt den Hafen von St. Johns.

FÜNF GLAS BIER FÜR EIN TATTOO

Die Reise der ‚Frieda' ging diesmal durch die westliche Ostsee und den Nord-Ostseekanal. Vorgesehen war der Fang von Heringen in der mittleren Nordsee, auf der Doggerbank. Der gefangene Fisch sollte in Kisten, mit Stückeneis gekühlt, angelandet werden.

Vor einer Stunde hatte das Schiff die Schleuse in Kiel-Holtenau verlassen. Es war sechs Uhr in der Frühe.

Fahrt durch den Nord-Ostsee-Kanal

Der Kapitän Fritz Neese, ein großer, hagerer, älterer Mann, gebürtiger Hamburger, wurde durch den Kanallotsen, einen ehemaligen Kapitän eines Frachtschiffs, beraten. Beide unterhielten sich während der Fahrt stundenlang über die Bombenangriffe auf Hamburg in den letzten Kriegsmonaten. Der Mann am Steuer und der Ausguck hörten interessiert zu. Da der Logger für die Kommunikation mit dem Leitstand im Hauptmaschinenraum kein Telefon besaß, wurden Gespräche und Befehle über ein Sprachrohr, das vom Brückenraum zum Maschinenraum führte, vorgenommen. Durch den Wachhabenden im Brückenraum oder Maschinenraum musste im Falle des Gesprächsbedarfs in das Rohr mit dem Mund Luft hineingeblasen werden. Die einströmende Luft führte zu einer Pfeife, die einen schrillen Ton von sich gab. Dabei gab es ein Problem. Fritz Neese gelang es nicht, Luft in das Sprachrohr hineinzublasen. Sein Mund war beim Blasen so breit verzerrt, dass die Luft am Mundstück des Sprachrohres vorbeiströmte. Er traf mit dem Maschinisten eine Vereinbarung. Sobald er ein Gespräch mit ihm führen wollte, bewegte er das Bedienelement des Maschinentelegrafen mehrmals hin und her. Das erzeugte Geräusch war die Aufforderung sich am Sprachrohr zu melden.

Der Mann am Steuerrad war der Decksmann Hans Soltau. Er hatte schon wiederholt das Schiff im Kanal gesteuert. Eddi Dohm, der die Aufgaben eines Ausgucks wahrnahm, löste ihn stündlich ab.

„Zieh die Handelsflagge hoch. Es wird hell“, sagte Kapitän Neese zu Dohm.

Der Decksmann nahm die Handelsflagge, schwarz-rot-gold-gesteift liegend aus dem Flaggenschrank, verließ den Brückenraum und ging zum achteren Mast. Hier knotete er die Flagge an die vorgesehenen Heißleine. Danach zog er die Flagge hoch, bis sie im Wind frei flatterte und ging wieder zurück in den Brückenraum. Hier meldete er dem Kapitän die Erfüllung der übertragenen Aufgabe. Es wurde zusehends heller. Nur wenige Schiffe fuhren zu dieser Zeit in Richtung Brunsbüttel, zum anderen Ende des Kanals. Die meisten fuhren in die entgegengesetzte Richtung, nach Holtenau, um nach Helsinki, Danzig, Riga und Rostock weiterzufahren.

„Habt ihr im ‚Osten' eine neue Handelsflagge", fragte der Lotse den Kapitän.

„Davon weiß ich nichts", antwortete Neese.

„Warum fragen Sie?", erkundigte sich der Kapitän neugierig beim Lotsen.

„Die Flagge, die am achteren Mast weht, habe ich noch nie gesehen", antwortete der Lotse.

Decksmann am Steuerrad

Beide schauten zum achteren Mast.

„Gold oben und schwarz unten", schmunzelte der Lotse und sah in das verdutzte Gesicht des Kapitäns. Eddi Dohm bekam einen Schreck. Es war ihm sehr peinlich.

„Kapitän, es war achtern dunkel, die Mastlampe brannte nicht, dabei habe ich oben und unten verwechselt, und die Flagge verkehrt herum hochgezogen", entschuldigte er sich.

„Das kann ich nicht entschuldigen. Morgen steht in der ‚Bildzeitung', die Ostzone hat eine neue Handelsflagge. Übermorgen weiß es die halbe Welt", wetterte Neese. Dohm eilte ohne die neue Order abzuwarten nach achtern, holte die Flagge herunter und zog diese vorschriftsmäßig nach oben.

*

Am späten Nachmittag erreichte der Logger das Ende des Ost-Nordsee-Kanals, die Schleuse Brunsbüttel.

Dohm und Soltau kauften im Schleusenkiosk Postkarten und Briefmarken. Vorher wechselten sie Ostgeld in Westgeld zu einem Wechselkurs von fünf zu eins.

„Betrügerbande", dachte Hans und bezahlte kommentarlos die Postwertzeichen.

In Brunsbüttel kam ein neuer Lotse an Bord, der das Schiff an Cuxhaven vorbei in die Nordsee bringen sollte.

„Für die südliche und mittlere Nordsee ist weiter Sturm angesagt. Es ist besser, Sie bleiben noch einen Tag im Fischereihafen in Cuxhaven", war die Information und die Empfehlung des neuen Lotsen.

Neese entschied sich, einen Tag in Cuxhaven zu bleiben, bis der Sturm abgenommen hat. Der Logger fuhr die Elbe abwärts. Der Lotse brachte das Schiff in den Fischereihafen von Cuxhaven.

Nachdem die Hafen- und Zollformalitäten erledigt waren, teilte der Erste Steuermann die Decksleute zum Decks- und Wachdienst ein.

„Morgen wird der Sturm, nach der Ansage des Wetterberichtes, abnehmen. Dann laufen wir wieder aus“, informierte Neese die Besatzung in der Messe nach dem Abendessen.

„Der mittlere Tidenhub beträgt drei Meter. Vergiss nicht die Leinen zu kontrollieren, fieren oder durchholen zu lassen“, ermahnte der Kapitän den Ersten Steuermann, der Brückenwachdienst hatte. „Es ist nicht das erste Mal, dass die Leinen bei Ebbe gebrochen sind und das Schiff unbemerkt im Fischereihafen von der Pier trieb“, ergänzte der Kapitän seine Weisung.

„Meine Schwester wohnt in Cuxhaven. Ich werde sie heute Abend besuchen. Morgen zum Frühstück bin ich wieder zurück. Die Anschrift und Telefonnummer habe ich ins Arbeitsbuch eingetragen“, sagte der Kapitän zum Ersten und verließ über die Leiter in der Kaimauer das Schiff.

Nach dem Dienst gingen einige Decksleute alleine oder in Gruppen an Land, um sich die Stadt und die Auslagen in den Geschäften anzusehen. Andere blieben an Bord und spielten Skat, einige schrieben Postkarten und Briefe. Da der Kapitän kein Geld beim Makler aufgenommen hatte, war ein Gaststättenbesuch oder Einkauf in Geschäften nicht möglich. Hans Schramm, der Bestmann, ging trotzdem mit zwei Decksleuten an Land. Sie packten zwanzig Flaschen ‚Radeberger Pilsner‘, ein wohlschmeckendes und teures Bier, eingewickelt in Silberpapier, in eine große Aktentasche. In der Kneipe

‚Feuerschiff' erklärte Hans Schramm dem Wirt ihr leidiges Geldproblem. Der Wirt war bereit, das Bier auf Kommissionsbasis zu verkaufen. Die Einnahmen reichten für gemütliche Stunden in angenehmer Atmosphäre. Sie saßen an einem größeren Tisch und kamen mit Fahrensleuten anderer Reedereien ins Gespräch. Die Menge des gefangen Fisches, insbesondere des Herings, und der Verdienst auf den anderen Schiffen waren Gesprächsgegenstand der am Tisch sitzenden Männer.

Die Bedienung, eine kräftige Frau, brachte ‚Cuxhavener Bier', das bei weitem nicht so gut wie das ‚Radeberger Pils' schmeckte.

„In dem kleinen Raum neben der Theke wird tätowiert", sagte Hans, der die Kneipe von früheren Besuchen kannte.

„Ich frage nach dem Preis für ein kleines Tattoo für meinen linken Oberarm", sagte Reiner Bredig zu Hans Schramm und ging zum Tätowierer.

„Was soll's denn sein", fragte der Tätowierer und zeigte Reiner eine Vielzahl von Bildern.

„Das Seemannsgrab, Kreuz, Sonne, Anker – farbig, gefällt mir gut", sagte Reiner.

„Das kostet fünf DM", sagte der Tätowierer.

Reiner ging zurück an den Tisch, wo alle schon neugierig warteten.

„Fünf DM für das ‚Seemannsgrab'", sagte Reiner. „Für das Geld können wir noch fünf Glas Bier trinken", meinte Werner Dose, der sich für tätowierte Bilder nicht begeistern konnte.

Hans Schramm ging zum Wirt und ließ sich den Rest aus dem Kommissionsgeschäft auszahlen.

„Es reicht für die Bezahlung des Tattoos“, sagte Hans zu Reiner und gab ihm das Geld.

Nach einer halben Stunde kam Reiner zurück. Er zeigte allen am Tisch die Tätowierung.

„Es ist ein schönes Bild“, war die Meinung der Anwesenden am Tisch. Auch die Bedienung lobte es. Einige zeigten ihre eigenen Tätowierungen. Segelschiffe, Anker, Mädchen waren die meisten Motive.

„Es gibt Männer, die haben sich den Namen ihrer Freundin zusätzlich auf den Arm tätowieren lassen. Später ist die Verbindung aus irgendwelchen Gründen in die Brüche gegangen. Die spätere Ehefrau wollte den Namen nicht mehr sehen. Dann hat der Arzt im Fischereihafen den Namen chirurgisch entfernt. Geblieben ist eine sichtbare hässliche Narbe“, sagte Hans zu Reiner. Er hatte keine Tätowierung.

Vor Mitternacht verließen die drei etwas angetrunken die Kneipe. Vorher hatte sich Hans Schramm beim Wirt für das Geschäftsverständnis bedankt.

„Ohne Geld will ich euch nicht wiedersehen“, rief er ihnen lachend hinterher, als sie die Kneipe verließen.

„Er hat schon an uns sein Geld verdient. In Cuxhaven macht keiner was umsonst, auch wenn wir Landsleute sind“, sagte Werner zu Hans und steckte sich eine Transitzigarette an.

„Es war für mich ein interessanter und amüsanter Abend“, sagte Reiner zufrieden zu Hans. Er war das erste Mal in Cuxhaven und sich über das Tattoo besonders freute.

*

Nach dem Frühstück am folgenden Tag begannen die Decksleute des Tagesdienstes mit Netz- und Spleißarbeiten. Das Schleppnetz wurde auf der Steuerbordseite des Fangdecks lang geholt, der Tunnel an den Steert genäht, die Drahtstander zwischen die Spreizmittel und die Flügeln geschäkelt, die Auftriebskugeln auf die Haedleine und die Beschwerungsketten an das Grundtau gebunden.

Kapitän Neese kam an Deck und kontrollierte die Decksleute bei ihrer Arbeit. Er beauftragte den Netzmacher, ein Höhenscherbrett beidseitig mit einer ‚Falschen Haedleine' anzubringen.

„Der Hering steht weit über dem Meeresgrund. Durch das Höhenscherbrett erreichen wir eine größere Scheuchwirkung und werden mehr Fisch fangen", prophezeite der Kapitän den Decksleuten.

„Der Sturm hat nachgelassen. Laufen wir heute noch aus?", fragte Hans Schramm den Kapitän.

„Heute Nachmittag geht's los. Mittags bestelle ich den Lotsen. Morgen Mittag sind wir auf der Doggerbank. Dann wird wieder Geld verdient", sagte Neese laut und überzeugend zu den am Netz arbeitenden Decksleuten. „Auf der Doggerbank wird sehr viel Hering gefangen. In zehn Tagen sind wir wieder zu Hause", fügte er noch hinzu und begann mit dem Auszubildenden die Längen der Netzstander nach zu messen.

Die Decksleute zurrten das Netz, mit Leinen an den Ringen, längs des Schanzkleides. Auf der Fahrt zur Doggerbank mussten sie mit starker überkommender See rechnen. Trichter, Tunnel und Stert wurden in den Deckshocken gezurrt und gesichert.

Hans Schramm bereitete mit Artur, einem Decksmann, und Tilo dem Auszubildenden den achteren Eisraum für die Einlagerung des zu fangenden Herings vor. In zwei Hocken, Backbord und Steuerbord, wurden die mitgenommenen Holzkisten für die Aufnahme des Herings bereitgelegt. Im Lukensüll wurde der Trichter eingesetzt und mit einem Persenningschlauch versehen. Das verfestigte Stückeneis wurde mit einer Spitzhacke durch den Auszubildenden losgehakt und auf die Bühne geschaufelt.

Vor dem Mittagessen waren alle wichtigen Vorbereitungsarbeiten am Netz und im Eisraum beendet.

*

Der Logger verließ nachmittags den Fischereihafen. Am folgenden Tag hatte das Schiff den Fangplatz, die Doggerbank, erreicht. Der Wind, Seegang und die Dünung kamen aus südwestlicher Richtung. Viele große und kleine, nationale und internationale Fischereifahrzeuge waren mit dem Fang und der Bearbeitung des Herings beschäftigt. Unter ihnen waren Schiffe aus Gdynia, Rostock, Kiel, Hamburg, Bremerhaven und Emden. Es wurden Heringe in großen Mengen gefangen und bearbeitet.

Kapitän Neese ließ das Netz aussetzen. Auf dem Echographenpapier wurden große Heringsschwärme dicht über dem Meeresgrund angezeigt. Nach einer Stunde Schleppzeit wurde das Fanggeschirr gehievt. Über zweihundert Körbe großer Hering waren im Tunnel und Steert des Netzes gefangen. Beutel für Beutel wurden an Bord gehievt und in den Deckshocken ausgeschüttet.

Viele Möwen – viel Fisch

Bearbeitung des Fanges: Hering auf die Sput schaufeln, Beifang aussammeln, den Hering in den Trichter schütten, die Kisten mit Hering füllen – Hering vereisen

Es begann für jedermann eine ununterbrochene anstrengende Arbeit, nicht nur für die Decksleute. Die

Männer aus dem Maschinenraum, der Koch und Kochsmaat, alles was Beine hatte, beteiligte sich an der Bearbeitung des Fanges. Kiste für Kiste wurde im Eisraum mit Heringen gefüllt und mit Eis abgedeckt. Nach sechs Tagen ging die ‚Frieda' auf Heimreise. Die Männer hatten viel Geld verdient, wie es Kapitän Neese prophezeit hatte.